《藤花亭镜谱》
图注考释

呼啸 著

科学出版社

北京

内 容 简 介

《藤花亭镜谱》为梁廷枏所著，撰成于清道光二十五年（1845），是中国最早的关于铜镜研究的专门著录之一，收录铜镜150余面，具有很高的文物学研究价值和铜镜研究学术史意义。但是由于这本著录长期以来缺乏善本流传，以致没有引起学术界足够的重视，目前没有一本专著，也没有专门的文章对其进行研究。本书以国家图书馆所藏徐乃昌、徐可行所藏善本为底本，与《续四库全书》本进行比较，文本点校，并结合考古发现和博物馆收藏文物，对每一面铜镜寻找相关文物图片进行图注与考释。

本书适合文博领域从业人员、高等院校文博类专业的师生、社会收藏爱好者参考阅读。

图书在版编目（CIP）数据

《藤花亭镜谱》图注考释 / 呼啸著. -- 北京：科学出版社，2024. 6. --（陕西历史博物馆学术文库）.
ISBN 978-7-03-078871-9

Ⅰ. K875.24
中国国家版本馆 CIP 数据核字第 2024MD6185 号

责任编辑：王 蕾 / 责任校对：邹慧卿
责任印制：肖 兴 / 封面设计：金舵手世纪

科学出版社 出版
北京东黄城根北街16号
邮政编码：100717
http://www.sciencep.com
北京中科印刷有限公司印刷
科学出版社发行 各地新华书店经销

*

2024年6月第 一 版 开本：787×1092 1/16
2024年6月第一次印刷 印张：23
字数：546 000
定价：238.00 元
（如有印装质量问题，我社负责调换）

作者简介

| 呼 啸 |

陕西西安人，祖籍岐山，1986年生于西安，中共党员。硕士研究生学历。2008年至今工作于陕西历史博物馆，历任文物征集科科长、党政办公室副主任，2015年获得国家文物局"国家进出境责任鉴定员"资格，2020年入选陕西省文物鉴定委员会委员，2023年获评研究馆员。

先后参与唐贞顺皇后敬陵被盗石椁、壁画的追索回归工作，唐韩休墓的考古发掘工作。作为策展人策划"皇后的天堂——唐贞顺皇后敬陵被盗石椁特展""岁月如歌——陕西民国以来经济社会发展变迁物证展""时光刻度——陕西历史博物馆藏搪瓷中的时代记忆展"。

出版个人专著《隋至清中国纪年铜镜图典》《文物陕西（铜镜卷）》《两世传奇——唐贞顺皇后武惠妃传》3部，作为执行主编、副主编参与编写《陕西历史博物馆新入藏文物精萃》《唐贞顺皇后敬陵被盗石椁回归纪实》《金锡璆琳——蓝田吕氏家族墓出土文物》等图书8部。在《光明日报》《中国国家博物馆馆刊》《中原文物》《文博》《考古与文物》等报纸、刊物上共发表论文30余篇。

序

我认识呼啸得益于他的一本著作《隋至清中国纪年铜镜图典》和一篇论文《陕西唐三彩艺术博物馆藏唐代铜镜研究》，选题耐人寻味。铜镜学界虽然十分重视纪年镜，但很少有学者去考虑资料分散、此前成果极少的隋唐以后的纪年镜研究。呼啸学习和工作皆在陕西西安，这里是中国古代铜镜出土和收藏的重要地区，也是学者们研究的重点领域，他却选择了一座民营博物馆收藏的铜镜作为硕士论文。最近，他希望我为其新作《〈藤花亭镜谱〉图注考释》（以下简称《图注》）作序，一听书名，再一次显示出其不拘格套，独辟蹊径的风格。我首先思考的问题是，呼啸为什么会选择《藤花亭镜谱》（以下简称《镜谱》）作为主题进行图注考释？因为在我见到此书的版本中只有文字，没有附图，因此学者很难利用。

我多次强调了为人写序的宗旨，一定要沉浸于书稿中，从书稿中了解作者的观照视角和创新点。当我看到他的《图注》书稿后，为之惊叹和感慨。惊叹的是，呼啸在没有发现有附图的《镜谱》版本时，竟然仅据文字描述就能为此书所录铜镜配图，难以想象，这需要何等的决心和功夫。感慨的是，《镜谱》中的确不少内容值得我们去理解和学习，但长期以来一直没有得到学界的重视。对我来说，这次同意为研究历史文献中涉及铜镜的著作写序还是头一次。其理由有两点：一是如何汲取中华优秀传统文化中的智慧，二是在构建镜鉴学的历程中，如何提高中国古代铜镜研究的宽度、深度和向度。

一、《藤花亭镜谱》值得深入研究

我认为呼啸以《镜谱》作为研究课题是理性运思的结果，有着他的独特思考逻辑，这一点从《图注》的研究范式和对《镜谱》价值的分析中了然可见。呼啸对《镜谱》的价值作了高度肯定，这里不再赘述。我想借此机会，拟用一些篇幅概述清朝乾嘉道时期涉及铜镜的金石要籍著述，以求更深刻地去了解《镜谱》的历史价值和学术意义。

清代金石学伴随乾嘉考据学的迅速发展而繁盛，从宫廷内府到民间私人的金石收藏与著述活动也蔚为壮观。兼收历代铜器与石刻的综合类典籍继承宋代以来的传统，列出条目，著录铭文，加以考订，补证前史。乾隆帝敕命梁诗正、王杰等文臣先后编辑成书的"乾隆四鉴"最为突出。"四鉴"网罗内廷、盛京行宫、宁寿宫所藏汉唐铜镜共394件。"四鉴"书中以白描手法绘制镜形，钩摹铭文，但均有缩临，图像失真。每镜后著录其尺寸、重量，描述主纹，个别略有小考。但对铜镜断代与考订多有疏漏，也有伪镜收录。

在乾嘉两朝，吴玉搢《金石存》收录汉镜铭文、释文并略加考证。翁方纲《两汉金石记》收录二十二种镜铭，摹写铭文予以考释，并记录铭文字数、拓本来源、铜镜尺寸等。黄易《小蓬莱阁金石目》按时代辑录汉唐镜铭，标明书体、释文以及铜镜或镜拓来源。然而，这一时期包含铜镜著录的金石要籍相比铜器、石刻等类别却较少。

嘉道年间，冯云鹏、冯云鹓《金石索》中收录汉代以降铜镜与日本镜，摹绘器形以木刻印制，亦附考证。张廷济《清仪阁所藏古器物文》辑录汉至明历代铜镜14件，均以原拓呈现，每镜均详述铜镜来源、市值价格、铭文考释与鉴赏评论。旁征博引，考据精当，为嘉道金石典籍之代表。刘喜海《长安获古编》中收录汉镜，摹绘原大图像、镜铭，但未予考证。光绪年间端方《陶斋吉金录》著录汉镜，体例与《长安获古编》似。刘心源《奇觚室吉金文述》卷十五"镜文"则有镜拓与铭文考释。

地方志中亦可散见铜镜辑录。乾嘉时期毕沅、阮元等人所编《山左金石志》，收录山东地区商周至乾隆年间金石。其卷五"镜"涵盖汉、六朝、唐镜，针对铜镜定名，摹写镜铭，记录尺寸、描述纹饰与以往著录情况。光绪时，陆心源《吴兴金石记》中著录吴兴地区（浙江湖州）与吴兴人士藏汉魏铜镜，体例亦同。

关于铜镜类专门典籍，较早可见嘉庆初年钱坫编纂《浣花拜石轩镜铭集录》，收录汉、六朝、唐镜共25种。书中摹拓铜镜原形，记录尺寸、铭文、纹饰以及考释。虽然摹拓铜镜失真，但尺寸基本与原器一致。

综上所述，可见清代乾嘉道时期收录铜镜的金石要籍较少，专著铜镜之典籍则更为稀有。检视各类典籍对铜镜的著述多集中在汉镜，散有收录六朝、隋唐铜镜，历代铜镜甚至域外铜镜均收则难得一见。

道光二十五年刊刻的梁廷枏《藤花亭镜谱》，收录铜镜数量多，据徐乃昌、徐行可所藏版本，有150面之多。时代广，镜类也较丰富，从战国至明清时代的铜镜，还有日本和镜。铜镜多以镜拓刻印，尽管摹拓镜形略有失真，但相较同期及以前的金石著述更为精确一些。考订时代虽有许多讹误，但详细述叙了确定时代的要素，饶有见地。描述铜镜形制、纹饰形象生动，语言风格和文辞之美值得借鉴。我认为如果将铜镜研究置于此时和彼时的历史环境中进行理解和评述，可以说《藤花亭镜谱》开近代铜镜著述之先河是允当的。

二、加强历史文献整理，汲取中华优秀传统文化智慧

回顾一下1949年以来中国古代铜镜研究的历史进程，不难发现关注的是现代考古出土和传世铜镜资料，重点是铜镜的年代学和类型学，这是学科发展到一定阶段的产

物和需要。关于宋代以来历史文献中涉及铜镜的一些著作，由于当时条件所限，缺乏科学的铜镜断代，而且只有铜镜摹本或拓本，除了鹏宇《宋代文献所见汉镜题名辑要》作为主题研究外，一举带过者有之，引用一些铜镜拓本者有之，很少有学者进行较系统地搜集、整理、研究，于是这些文献成为无足轻重的"死文献"。如何激活旧资料，挖掘新资料？呼啸这本著作给了我们梳理反思、释疑解惑的意义。

此前对于这些历史文献，学者以现在所取得的研究成果加以审视和评价，正如呼啸所形容的"有种居高临下的优越感"，大都集中或局限在既定的认知和结论中，没有很好地去考虑不同的、独特的社会生活条件和历史文化环境会孕育各具特色的审美意识和分析问题的多样性。例如我们在《中国古代铜镜》著作中，评论《宣和博古图》的分类标准牵强附会，时代划分不少错误，但没有去思考作者为什么要进行乾象门、水浮门、诗辞门等8个门类划分，没有去分析其文字背后更深层次的社会因素和文化观念。

第一，《图注》中特别突出的一点，是将古籍文献中珍藏的鲜为人知的记忆和智慧、所蕴含的古代历史文化知识提取出来，这里仅举几例：在评价梁氏关于铜镜由镜缘至镜钮，由外至内，逐层描述的方式时，呼啸认为"这不仅是一个描述习惯的问题，背后还牵扯到学术规范的建构以及古人设计铜镜理念的探索"。关于中国古代铜镜的文化意蕴，呼啸指出"应当将其放在整个中华传统文化的背景下进行关照，通过对整个传统文化的学习形成整体的语境，并将这种语境传达给今天的社会"。

此次由于有了呼啸的《图注》，我也比较认真地阅读了《镜谱》。掩卷沉思，进一步意识到对待这些金石学的古籍文献，我们更应该关注的是其中有创意的地方。梁氏在《镜谱》中就有不少识见精深之处，例如，汉代昭明镜中的"心忽穆而愿忠"的"穆"字，很长一段时间误释为"扬"，其实在《镜谱》卷三"唐摹汉长毋相忘镜"中，梁氏已释为"穆"字，尽管他没有谈及释为"穆"的缘由。又如梁氏对于一些纹饰和铭文，最典型的如"为善最乐"铭文、"五岳真形"纹饰引经据典的阐述，为我们提供了更多的思考线索。特别引起我关注的是梁氏在描述铜镜时，使用的一些名称概念、分析鉴别、比较对照、批评吸收，形成了一套有自己特色和话语的述事模式。其中许多称呼和我们现在流行的不同，如"圈带"称为"围"，"三角锯齿"称为"犬牙"，"凹面镜缘"称为"仰竹形"，"双线复波纹"称为"双钩如人字形"，尽显古朴雅致、形象生动的文风。因此在铜镜研究进程中，我们应该深入解读文献所载的信息，获得清晰的表达，最大限度地利用材料，阅读的信息越多，对于铜镜文化内涵的理解便越丰富。

第二，将问题意识置于铜镜研究的核心地位。问题导向意识正成为科研的必然要求，这是我反复强调的观点，《图注》在这方面做了不懈的求索。此书一个最重要的研究主线和研究模式是为《镜谱》所收录的铜镜提供图证，即所谓的"以图证史"。前文已经提到，作者在没有看到有图的《镜谱》版本时，决定随文配图，我认为呼啸选

择这种难度颇高的研究路径，一方面是他通过梁氏的文字叙述，对《镜谱》的价值有了较深刻的认知，另一方面源于其强烈的问题意识，因为有无图像已成为认识这本书学术价值的关键节点。即使有非常形象的文字描述，也不如一幅铜镜图像直接、具体、明了。尽管在发现了有附图的《镜谱》版本后，呼啸的配图成为了图证，应该说，这是《图注》最鲜明的创新点。文图相间，原图和配图，形象对比，科学有据。

阅读《图注》，给我留下最深刻的印象是其具有系统性和纵深性。对于历史文献中铜镜断代的问题，一般来说学者以文字指出即可。呼啸对《镜谱》中收录的100多面铜镜一面一面作出判断，不是简单的肯定或否定，而是将一般知识和发现的问题予以阐明，行文中还特别强调梁氏援古证今，文义之深，韵味无穷的一些论述，并列出出土和传世铜镜作为佐证，取譬精当，言必有据。这种潜心笃行、求真明理的深化研究，需要作者有广泛搜集和深入挖掘资料的能力，更重要的是需要有鉴别和选择的能力。由于他多年研究铜镜，特别是隋唐及其以后的铜镜，为较全面地了解中国古代铜镜的方方面面奠定了坚实的基础。有意思的是，《镜谱》收录铜镜的时代范围，经呼啸校正后，可以看出正是他曾经研究的重点领域。

三、必须扩充书写视野，推进镜鉴学学科知识构建

中国古代铜镜源远流长，其分布空间的广泛度、历史积淀的厚重度，时代隐喻和文化意蕴所呈现的纹饰和铭文的丰富度、审美度越来越得到学界的重视。学者们对其年代、类型、纹饰和铭文、铸造各个方面进行了多方位、多角度、多层次的研究，取得了不少成果。但是，为了构建镜鉴学的学科体系、学术体系和话语体系，我们还应从不同的视域全方位地对铜镜进行研究。

最近几年我一直在思考一个问题，收藏出土和传世铜镜最丰富的文博考古单位如何在镜鉴学理论框架、研究范式体系、出版著作样态等方面引领、推进铜镜研究？在这里我想提出两个问题。

第一，文博考古单位如何协同与共享，开拓铜镜研究领域。

呼啸《图注》及一些硕博论文给了我们一个强烈的启示，必须尽快建立铜镜的数据库，数字化的核心是"可检索"，使人们能更全面系统地进行铜镜的细化研究。如呼啸为《镜谱》举证了不少全国各地、公私收藏的铜镜资料，如果有数据库，不仅能够根据学者研究主题的要求，问题的指向，方便查找，更重要的是，举证的铜镜资料更精确、更类似。又如在铜镜的区域性研究中，我们发现尽管一个时代全域铜镜有着极大的共性，但是细化研究即能发现，全域研究和区域研究会有不同的侧重点。不同的地域也显示出不同的差异和一些特点，需要我们从地区层面加以思考。例如汉代神兽镜、画像镜类型主要流行于我国南方地区，这就极需南方一些省市的文博考古单位突破传统的思维模式，联合起来，将各自出土和收藏的资料加以整合研究。

第二，提高铜镜著作出版水平。

学术著作是学术活动、科研活动的呈现载体，必须有自己的特色。如何将出土和传世的铜镜展现在读者面前？近几年又有一些著作作了有益的探索。《辉县汉墓群出土铜镜修复、保护与研究——河南省南水北调中线工程文物保护研究项目》即是一部别具特色的内容和框架结构的著作。书中收录的146面铜镜中，有52面是修复过的铜镜。在出土的98面铜镜中，共检测了89面铜镜。这些内容不仅加深了对这个墓群出土铜镜的全面性和整体性的认识，而且大数据模式下的铜镜检测研究，对于今后铜镜相关数据库的完善，以及大数据模式下进一步对铜镜的科学技术研究是极其重要的。《清光鉴古——玄鉴斋藏战国及早期铜镜百品》《清光鉴古——玄鉴斋藏西汉铜镜百品》为我们在铜镜研究中打磨细节并追求卓越提供了样板。著作针对铜镜平面呈几何形、尺寸较小、色泽单调的特质，充分利用摄影技术、绘图艺术和拓本载体等众多的表现形式，将铜镜最精华的部分展现出来。《图注》选题新颖，重点突出，以铜镜断代为主题，铜镜图像为支撑，不仅表述了不同时期铜镜的一些特征，更重要的是传达了文献所蕴含的历史印记和文人智慧，开拓了铜镜研究的新视域。

但是，我们有的文博考古单位出版的铜镜著作仍然存在一些程式化、定型化和草率化倾向。主题内容雷同，追求时代或类型系列化，未能突出自己的藏品优势。一镜一照片、一个说明，语言过于单一，贴标签式的描述，有的除了名称、尺寸、来源外，无其他内容介绍。铜镜照片模糊漆黑，纹饰不清楚，铭文更难辨识。这样的著作，不仅有损中国古代铜镜的丰富内涵和艺术性，而且很难向读者传达新的知识和科学的资料。因此，在构建镜鉴学的历程中必须重视铜镜的出版工作。

孔祥星

2022年10月19日于北京

引　论

　　梁廷枏（1796~1861），字章冉，号藤花亭主人，广东顺德伦教堡人。生于清嘉庆元年（1796），道光十四年（1834）乡试副贡，历任广东海防书局总纂修、广州越华书院和粤秀书院监院、学海堂堂长、澄海县训导等职。作为邓廷桢、林则徐的幕僚与得力助手，他积极参与海防建设，曾协助林则徐禁烟、组织广州反英人入城斗争，道光二十九年（1849）因反英有功授内阁中书，事迹载入《清史列传》，称得上是一位着风气之先的爱国学者。

　　梁廷枏一生都在广东省度过，未曾涉足外地。其学术生涯一般以道光十四年（1834）为界分作两段：第一阶段，梁廷枏未出仕，注重金石、史地等考据之学；第二阶段，梁廷枏任职广州，接触洋务，在西学上取得成就。梁氏一生爱好广泛、博学多才，且勤于治学、笔耕不辍，留下研究领域极广的各类著作多达三十八种。根据其研究内容大体可以划分为五类，第一类是以《江梅梦》《圆香梦》《昙花梦》《断缘梦》4种杂剧，以及戏曲理论著作《藤花亭曲话》为代表的戏曲著作与研究，日本著名学者青木正儿认为，梁廷枏是岭南历代戏曲家中最有成就者之一①。第二类是以《南越五主传》《南越丛录》《南汉书》《南汉书考异》《越华书院记略》等为代表的广东史地类著作，其中许多都是填补空白之作，备受后代史学界重视。第三类则是以1835~1840年间参与纂修的《广东海防汇览》《粤海关志》及1850年撰写完成的《夷氛闻记》为代表的广东海防著作，堪称经世济用的代表，特别是《夷氛闻记》作为记录鸦片战争的第一手史料，是学术界研究鸦片战争史的必备。第四类则是以《海国四说》为代表的西学研究，《海国四说》包括介绍美国历史及现状的《合省国说》，介绍英国历史及现状的《兰仑偶说》，以及《粤道贡国说》《耶稣教难入中国说》四本，在书中，梁廷枏大量利用各种关于西方的资料及报刊，以考据之法专门考察西洋各国的历史、地理、经济、政治制度等，是最早开展域外研究并向国人介绍域外的著作之一。第五类则是以

---

① 李芳清：《论梁廷枏对岭南文化的主要贡献》，《岭南学刊》2005年第6期，第71~75页。

梁廷枏《松竹石图》（佛山市顺德区博物馆藏并供图）

《金石称例》《藤花亭镜谱》《藤花亭书画跋》为代表的金石学研究。

对于上述梁廷枏的各类著作，其中前四类均已得到学术界的广泛关注与研究，纷纷成为文学戏曲、广东历史地理、鸦片战争史、对外关系史等学术领域举足轻重的史料，出现了大量的研究成果。但对于最后一类的金石学，则几乎没有学者进行相关研究，甚至一篇专门的研究论文都没有，这样的情况与梁廷枏相关著作所取得的历史成就并不相符。本书为梁氏晚年金石著作《藤花亭镜谱》的注释与研究之作，将从其家族渊源、《藤花亭镜谱》体例与价值等方面对这部著作的价值与意义进行梳理与介绍。

一、家族渊源与金石爱好

说到梁廷枏的金石学贡献，首先不能不提的就是其家族的影响。梁氏乃顺德望族，梁廷枏家族最主要的"家学"，是忠君爱国、爱乡爱民的爱国情怀和雅好金石、酷爱诗画的家族传统。顺德梁氏家族始于南宋，始祖为梁起。梁起，字起莘，号定山，世居汴梁。南宋咸淳三年（1267）奉敕镇粤，拜中顺大夫，岭南招讨使，自此家族遂迁徙于粤。而梁氏家族对金石书画的收藏与爱好则肇始于梁廷枏的祖辈梁善长。梁善长，字燮菴，号鉴塘，曾经做过陕西白水县令。白水地处关中，距离周秦汉唐的故都长安不远，这里向来最盛文物，历代古物层出不穷。梁善长治白水时就收集了"金石文字六巨簏"。据梁廷枏回忆其金石的来历云："仆自幼癖嗜金石，十年前已欲补为称例、称号而外，凡可以称通者胥备焉，而有不可遽成焉者。关中为汉唐碑薮，先人旧官其地，颇有收存，所亲又作宦楚越，转徙于齐鲁燕赵之间，宦橐所余，则尽归弊箧。既而洋匪肆掠，挈家避于南海，旧藏榻本半又散亡，后方稍稍收复，故称例之作，迟久乃得成书。"（《与温子函检讨书》）可见其对金石研究的兴趣来源于收藏，这种家族收藏"其层叠累积，非一时一地所有如此"。

梁善长之后，梁氏代有收藏金石书画的传统。梁善长的收藏传至其孙梁之任，其字揽莒。而梁廷枏的父亲澹缘先生，字礼觐，以字行。澹缘先生曾就学于梁之任，大约是由于共同的爱好，梁之任最终将梁善长所收藏的金石书画尽数付与了澹缘先生。

澹缘先生有兄长梁彝，字礼秉，号三峰，也爱好收藏，"多聚元明人书画及古图籍"，后来梁彝溘逝，其收藏也归于澹缘先生。

又，澹缘先生有族兄梁森，字揆庭，曾为官浙中嘉兴，也喜欢收集金石书画。梁廷枏《马券石刻歌》序云："先伯父揆庭，讳森，官浙时得苏文忠书马券，置嘉兴府学流虹亭。今剥落矣。作此自题家藏本。"正文则云："先人肇宰嘉禾始，官舍自愧甘棠疏。偶论金石集文宴，旁客咨宾多纷拿。"由此可见，梁森作宦楚越时所收藏的金石书画，最终亦归于梁廷枏家藏。

至于梁廷枏的父亲澹缘先生，艺术修养很高，不仅好金石书画收藏，而且"洞精音律"、能诗善画。他曾利用游历太学、读书武夷的机会大量搜求购买金石书画。梁廷枏《藤花亭书卷跋》所云"先子弱冠，即逍遥作岭北游。阅数年所归，则箧笥恒有所携"即说明了这一点。由此可见，顺德梁氏家族形成了一个历时颇久的收藏传统[1]。

正是在家族传统的影响下，梁廷枏本人也是自幼癖嗜金石，1814年冬，梁廷枏在广州得到商周铜器铭拓本约百余种，喜不自胜。他曾在《滕花亭镜谱》序中自述其收藏金石字画的经历云："十年来，督课会城，每就故家购得一二，复从需次诸君易其所有，久则数半于前。"而且，梁廷枏对于家族这种在生活上务求节俭，但在金石收藏及研究方面不吝千金的传统颇为自豪，曾说"世聚族居江乡，风俗俭朴，服食室庐器用咸相尚以质，不能多有所耗，其可以稍费而不畏人指摘者，惟册籍、书画、碑帖、虽麋载而袭藏之，未尝病其好事，反谓处用得当，可长守勿失，以是遗孙子，俾获耳濡目染于博雅之林，胜于奢靡服食者远甚。"

恰是在这样的熏陶下，金石收藏与金石研究不仅成为梁廷枏的一种学术追求，更成为一种生活方式。他致力于金石研究，兴趣持续四十余年不减，梁廷枏早年即留下了《金石称例》《续金石称例》《碑文摘奇》《书余》等多种金石著作，晚年则撰成《藤花亭镜谱》《藤花亭书画跋》《兰亭考》（已佚）等金石书画研究著作，同时还写有《张氏藏周壶考》《汉龙氏镜考》《周双鱼镈考》《商父王尊考》《汉双鱼洗考》等考证文章。其《藤花亭诗集》中则有大量的金石鉴赏诗以及题画诗，记录了其收藏、考证、鉴赏的金石碑刻书画作品的过程、体会、心得。

---

① 陈恩维：《梁廷枏评传》，人民出版社，2007年，第5～7页。

二、《藤花亭镜谱》概况

1. 编撰原因

《藤花亭镜谱》撰成于道光二十五年（1845），考其撰述因由，除上述个人金石爱好外，主要有两个方面。

一是强烈的体例意识，据梁氏书前自序云"三代以上，鼎、彝、尊、匜之属，表功命器最称隆重，余亦日用所必需。故范金合土之工精绝百代。汉唐而后，陶冶日备代金以泥，需于日用者，惟镜为最，而鼓吹玻璃之法未出，于是官私之铸积而遂多""然考著录诸书……皆三代多而秦汉少，鼎彝多而鉴镜少……独《宣和博古图》录所载诸鉴别存门目。视他器，已仅十之一，而成书众手，往往疏于考订""窃谓荟萃成编，与夫分类记载……其体例必有详略者……并以专门之业传信至今"。可见，梁氏本身具有极强的体例意识。他阅读了宋代以来至当时的大量的金石学著作，认为要进行深入研究，就应当分门别类荟萃成编，进行专门史的研究。由于梁氏并不清楚在他出生的那年（1796），金石学家钱坫编著了我国第一部铜镜专门著录《浣花拜石轩镜铭集录》[①]，因此，当时的梁氏应该是准备编撰整个金石研究领域第一部铜镜专门著作的。

二是个人实际收藏情况的限制。梁氏自序云"予家非素丰，而先人资以养疴着，惟金石文字之。是嗜古器，因略有所蓄……旧存殆不可问，犹幸所蓄汉唐诸镜数十具，岿然尚留箧笥，缘是有谱录之思"。由此可见，梁氏家中原收藏颇丰，但经历战乱匪患等原因，许多收藏散佚，剩余的收藏中，则以铜镜较为丰富成体例。因此，专门对铜镜进行梳理著录而专为一书也就非常合理了。

2. 基本体例

编辑著录书籍，首先要确定的就是体例。梁氏对此有清晰的规划，其自序云"量衡其广狭轻重之数，依其质制、铭识一一记录，旁推博引，考证以定其时代，略如考古之例，即拓本摹绘其原形而说以系之。复用《宣和》例，以铭识之有无次卷第之先后，自汉终明成谱八卷"。可见，全书共分8卷，在编排的先后顺序上，首先按时代早晚收录有铭文或款识的镜，即前四卷。然后按时代早晚收录无铭文款识之镜，即第五至八卷。对所收录的每一面铜镜，则既有文字描述，又附有拓片或摹绘图形。文字描述中，首先记录尺寸及重量，然后主要依据由镜缘到镜钮，由外而内的顺序对镜背形

---

① （清）钱坫：《浣花拜石轩镜铭集录》，《十六长乐堂古器款识考》，浙江人民美术出版社，2015年。

制、纹饰、铭文、钮制进行描述。之所以以铭文有无作为著录的第一顺序，与金石学注重铭文正经补史的作用有关，正如梁氏自己所说，"至其铭识……即片语单词自书名姓，亦足以资考索，补史传之所未备"。另外，梁氏著录还有一个特殊的标准，即"当先子之汇收诸镜也，凡面见青翠斑驳者辄弃之……镜不可照，则失镜之用"，可见梁氏著录特别注重铜镜的实用功能是否仍然保有，这一点与其他铜镜著录迥然不同。

3. 版本及影响

《藤花亭镜谱》所见多以《续修四库全书》子部谱录类所用中国科学院图书馆藏清道光刻本[①]影印为主。该版本共分八卷，根据目录记载，共收镜一百三十七面，其中第一卷收镜十面，第二卷收镜十三面，第三卷收镜二十四面，第四卷收镜二十面，第五卷收镜十五面，第六卷收镜十七面，第七卷收镜二十九面，第八卷收镜九面。但实际上第五卷目录中所著之"四龙双凤镜""四乳四虁镜"，第七卷目录中所著之"四乳藏虬镜"与"四乳八虁镜"均只有名称，而无著录内容，所以实际上共收镜一百三十三面。这说明这一版本中存在不少错漏，而更为关键的是，由于这一版本中没有附图，导致整个镜谱变成了纯文字记录的文献，研究者很难将文字记录与图像对应起来，从而使得此书变成了一种难以利用的"死文献"。至今《藤花亭镜谱》没有受到学术界的重视与此有极大关系。

然而笔者发现，中国国家图书馆收藏有另一版本的《藤花亭镜谱》，该版本原为北京图书馆所藏，经比对，该版本同样源自道光二十五年刻本，但更完整，而且带有附图。该书也分八卷，共收镜一百五十面。其中第一卷收镜十四面，第二卷收镜十四面，第三卷收镜二十五面，第四卷收镜二十四面，第五卷收镜十五面，第六卷收镜十七面，第七卷收镜二十九面，第八卷收镜十二面。该版本前言处有"熊勋之印"四字白文隶书印，目录处有"徐乃昌读"[②]四字朱文篆书印及"曾归徐氏彊邨"六字朱文篆书印，正文处有"徐恕读过"[③]四字朱文篆书印。由此可见，此为徐乃昌与徐行可所藏善本，本书即以此版本为底本。

---

① （清）梁廷枏：《藤花亭镜谱》，《续修四库全书》1111，子部，谱录类，上海古籍出版社，1996 年。

② 徐乃昌（1869～1943），字积余，晚号随庵老人，南陵工山汤村徐人，出身望族。徐乃昌自幼熟读经史。光绪十九年（1893）中举，二十七年任淮安知府，约于光绪二十八年受命考察日本学务，回国后提调江南中、小学堂事务，总办江南高等学堂，督办三江师范学堂（南京大学前身）。徐为官清正，以礼待人。清亡后，隐居著述和校刊古籍，成为近代著名的藏书家、学者。

③ 徐行可（1890～1959），名恕，字行可，号彊邨，湖北武昌人。他早年留学日本，"爱书，读书，访书，藏书，护书，献书"贯穿其一生。抗日战争时期，徐行可奋不顾身将武昌的数万册古籍托运到了汉口，冒着炮火誓与古籍共存亡，并拒任伪职，体现了民族气节和风骨。1949 年 10 月以后，徐行可及其后人分三次将其所藏十万件珍贵古籍及七千余件文物分别捐赠给湖北省图书馆及湖北省博物馆。

三、《藤花亭镜谱》的价值

学术的发展往往呈现"譬如积薪，后来者居上"的状态，这一方面是由于前人做的工作为后人的研究提供了基础，另一方面也离不开后来者不断"辨章学术，考镜源流"，通过回溯学术史，汲取营养，建立路径，强化共识的结果。但在文物研究领域，我们今天的许多成就与认识却并不是直接建立在中国传统金石学基础上的，而是建立在考古学基础上的。站在后人的角度，当我们回看梁廷枏的铜镜研究，确实有种居高临下的优越感，能看到他在铜镜断代以及纹饰内涵阐释等方面存在着诸多问题。由于缺乏科学考古发掘的资料作为基础，梁氏在断代时只能主要依靠铜镜铭文，根据铭文的书体、文字内容等进行断代。所以产生了许多错误，比如第一卷中的"千秋万岁镜"，梁氏根据铭文定为汉代，实则以今天考古发现与研究成果看，定为宋辽时期镜更为合宜。再如第三卷"马青镜"，梁氏定为唐代，实际上从今天的研究看，该镜当为明代人铸造的仿汉镜。类似的问题在书中还有很多。另外，梁氏书中将许多的日本和镜或中国造仿和镜当作唐宋时期铜镜，也是一个集中的问题，这一点罗振玉在《镜话》中已有所批评①。但从保存资料的角度，梁氏将这些资料都保存下来，对我们了解当时的学术状况及当时人对和镜的认识依然具有资料价值。

今天我们评价《藤花亭镜谱》的价值，如果仅仅站在后来者居上的角度就难免和罗振玉得出一样的结论，认为此书"无足观也"。但如果我们从整个铜镜研究发展史的角度去看，则会发现《藤花亭镜谱》一书闪耀着难以磨灭的光芒，特别是对今天铜镜研究的进一步发展有其特殊的价值，甚至以笔者所见，其学术史的建设意义甚至超越了罗振玉称赞的《浣花拜石轩镜铭集录》②。综合来说，其学术史价值至少包括以下五个方面。

（1）创造了对铜镜进行文字描述的范式

与《宣和博古图》（鉴类）、《西清古鉴》（鉴类）及《浣花拜石轩镜铭集录》等铜镜著录主要依靠拓片或摹绘铜镜图，再辅以文字对铜镜铭文进行解读不同，《藤花亭镜谱》形成了一套对铜镜进行文字描述的规范，即由镜缘至镜钮，由外至内，逐层描述的规范，不仅如此，梁氏还根据镜钮中孔的朝向确定铜镜镜背的上、下、左、右，将之称为"四方"，然后将剩余的四个交叉方位称为"四隅"。这样一来就比较好地解决

---

① 罗振玉云，"若梁氏《藤花亭镜谱》则疏舛太多，至以日本镜为中国古镜，且肛定时代，荒谬至此，无足观也"。见《镜话》，《汉两京以来镜铭集录（外十四种）》（罗振玉学术论著集第六集），上海古籍出版社，2013年，第49页。

② 罗振玉云"古镜著录以钱氏《浣花拜石轩镜铭集录》为善"，见《镜说》，《汉两京以来镜铭集录（外十四种）》（罗振玉学术论著集第六集），上海古籍出版社，2013年，第49页。

了铜镜文字描述的对应与准确性问题。今天我们进行文物研究，有更加方便高清的图片资料，但仍然要对器物进行描述，而这种描述也并没有形成固定的模式，部分发掘报告、图录和研究文章习惯采取从钮开始，逐渐向镜缘，由内而外介绍铜镜，也有的则正好相反。这不仅是一个描述习惯的问题，背后还牵扯到学术规范的建构以及对古人设计铜镜理念的探索。

从规范的角度我们可以将《藤花亭镜谱》中第一卷所收"汉尚方八乳镜"的描述与《浣花拜石轩镜铭集录》中"尚方御镜"的描述做一对比。

《藤花亭镜谱》"汉尚方八乳镜"

径四寸四分，重十二两二铢。沿边一围，作敧牙形。又一围，牙与外围背。又一围，与外围牙并内向，复周作斜横画。又两围，铭夹其中。四正四隅并作双文曲尺凡八。方各二乳，合为八乳。四正之中，上有圆印，下有方印，盖以方圆象天地也。左右双文如篆体'下'字形，与四正之曲尺对，皆夹于两乳之间。左二龙、右二虎，上凤下兕，亦各二。而后叠画作方围，均排十二乳。四角均有菱花，钮在其中。乳间夹十二辰字，'子'字正对圆印。右旋而下，铭亦从右中而左行。凡四十有四，篆曰"尚方作镜大毋伤，巧工刻之成文章，左龙右虎辟不祥，赤凤白兕分阴阳，八子九孙涵中央，佳且好，乐未央，宜侯王"。首末以点间之。

《浣花拜石轩镜铭集录》"汉尚方御镜"

右尚方御镜，径六寸一分。铭三十五字曰"尚方御镜大毋伤，左龙右虎辟不祥，朱鸟元武顺阴阳，子孙备具居中央，长保二亲乐富昌"，下为青绿所蚀不清。

这两个描述稍加对比，就可以看出梁氏的描述更加清晰、准确，其逻辑顺序的完善与描述的"信、达、雅"甚至超过了今天的许多铜镜研究中的描述。如果学术界能较早地利用《藤花亭镜谱》中所形成的描述范式，自觉地接续这一传统，显然更有利于我们今天开展研究。这一点不能不让我们反思，我们应当站在怎样的立场去发掘与利用既往金石学的研究，并有意识地建构铜镜研究的学术史。

另外，梁氏这种根据镜钮分上下，定四正、四隅的表述，其实对我们研究铜镜具有重要的启发。我们仍以汉代的博局镜为例，今天我们的研究越来越清楚地证明了博局镜的纹饰与博局占之间的关系，说明博局纹本身就是一套宇宙系统，那么，以这样的纹饰来设计铜镜，自然也需要在镜背上区分四正四隅，以便排布纹饰，不同的纹饰，其所处在镜背的位置并非随意安排，而是与其位相配合的。如果我们可以早些重视梁氏的著作，从占卜术和数术、堪舆术的角度研究与思考铜镜纹饰，或许就能有许多新的发现。

（2）开启了对铜镜艺术价值的关注

对于这一意义，陈恩维撰写《梁廷枏评传》时已有所提出。他指出"《藤花亭镜谱》之最可注意者，在于对古镜的形制及其艺术价值的研究"[①]。只可惜陈恩维并不研究文物，因此对梁氏的这一突出贡献并未进行进一步的阐发。在梁廷枏之前，铜镜中最受关注的乃是有铭文之铜镜，金石学家们将铜镜上的文字作为可以正经补史的史料加以考证，因此倍加珍惜，而对没有铭文的铜镜则关注较少。以《浣花拜石轩镜铭集录》为例，该书共收铜镜二十五面，其中没有铭文的仅五面，正如钱坫自序所说"前人旧物每重其文字，故但有花纹无铭识者即不著录，惟八卦以下五种，则以制造标奇存之"。而梁氏《藤花亭镜谱》所收无铭识之镜多达七十二面，近乎全书一半，梁氏对这些铜镜也进行了详细的描述，还对部分纹饰内容进行了深入的考证。从学术研究史的角度，梁氏的著录实际上扩展了铜镜研究的内容，在以往的铭文证史之外开辟了关于铜镜艺术研究的新领域，其价值不可谓不大。

不仅如此，由于梁氏对每件铜镜都进行了完备细致地描述，他还帮助我们建立起了许多铜镜及其纹饰名称之间的对应关系，这是其他很多同时期甚至晚近铜镜著作所没有达到的。比如，第七卷所收"四乳水虫镜"，梁氏对水虫纹描述云"……并有水蛭，多者十二，小者八。大旨以水虽清必有虫游其上，铸者盖自诩其所为镜本清明无瑕有类于水，而刻画背文种种如此，而无损其光，亦尤蛭之行于水而不害其为清也"。即认为水虫纹就是水蛭，镜背铸这种纹饰是象征铜镜的清明如水。然细审其纹饰，实际上是今天所习称的汉代四乳八鸟镜，所谓"水虫"今天被称为"鸟纹"。对同一纹饰两者差距巨大，如果没有梁氏的著录，我们在文献中看到这样纹饰的命名无论如何也难以将其与鸟纹对应起来。类似的例子在书中还有很多，由于其他铜镜著录的文字描述主要关注的是铜镜上的铭文，只有梁氏的著录让我们了解了当时铜镜收藏家对大量纹饰如何定义，并且对纹饰内容是如何理解的，尽管今天看来这种理解存在许多偏差与误读，但仍不失为重要的资料价值。

（3）以文献考证铜镜见解精当

由于梁氏具有非常好的旧学基础，博览经、史、子、集，历史典故与诗文轶事信手拈来，又熟悉书画史，因此对于许多铜镜铭文或纹饰背后的文化意蕴的阐发颇为精当。比如第一卷所收"为善最乐"镜，虽然梁氏将其时代误定为汉代，但对于"为善最乐"这个我们习以为常的铜镜铭文，梁氏根据《后汉书》记载指出其典故出"东平宪王苍传，永平十一年，苍与诸王朝京师，帝问处家何等最乐，王言为善最乐"。这显然与明代人铸造此镜时所引用的典故语境是一致的，让我们对这面铜镜的意蕴有了更准确深入的理解。

又如第八卷所收"五岳真形镜"，梁氏虽然将这面明代铜镜误定为宋代，但是他引

---

① 陈恩维：《梁廷枏评传》，人民出版社，2007年，第87页。

《汉武内传》中"帝见王母巾笥中有一卷书盛以紫锦囊……王母曰'此五岳真形图'云云"。指出五岳真形图图像的流行与此类文献的出现有关，并说"又小说载，服真形为修真之秘，佩之可避诸邪百怪"。这也对我们理解五岳真形图铜镜的流行提供了重要的线索。

凡此之类，书中还有不少，不再一一列举。可以说，梁氏出入经史，摘引诗画的考证方式提醒我们，对于铜镜的文化意蕴，我们目前所知还远远不足，铜镜作为中国古代流行时间最久，使用最广泛的铜器类型之一，其设计与使用是处于整个传统文化的语境之中的，除了基础的照面功能之外，它时而作为道德镜鉴，铸有各种敦行教化的词句；时而作为宗教法器，铸有道教的符箓或佛教密宗的箴言；时而又成为民间礼俗的必备用具，承载着普通人对于长寿、和睦、生子等希求的祝愿。因此，要讲清楚铜镜的意蕴，应当将其放在整个中华传统文化的背景下进行关照，通过对整个传统文化的学习形成整体的语境，并将这种语境传达给今天的社会。

（4）保存了铜镜铸造工艺的相关史料

与同时期其他铜镜著录仅仅关注铭文不同，梁氏著录除了关注铭文、纹饰外，还关注到了一些铜镜铸造的工艺，并对其做了初步探讨，其中最典型的是对透光镜的探讨。第二卷所收"汉日月小镜"是一面透光镜，梁氏在考证该镜时说"此镜透光，字画尽清徹。凡古镜，就日照之，其背文一一透露者最为奇异可宝，或以为铸器之年、月、日、时与铸者之生命巧相符合，偶就其时铸之可得其一。倘人易其时，时易其人，均不能也。是说盖通于欧冶之剑，不得谓竟无其理。或以为出于古工炼药制铜之所为，然所见透光者往往多汉魏六朝器，试思，宇内安所得持千余年不复耗散之药物？且事果有之，则法宜传后，何以近百十年来之新铸无所谓通背者？况背文必照日乃见，则土气所不能侵蚀可知，设果药能固铜，是即百炼金液之一证，宝贵无逾此矣。《宣和图》总说有制作之工妙，或中虚而谓之夹镜之说，然考《图》所载，固无所谓'夹镜'者，后人因其语，遂以透光一类当之。疑面薄逾纸其内别作文饰，丝毫与背文相肖，使见从隔面易以透出。果尔，则其器必厚，且必有臃肿意象。今所见，有面背相去薄不及分，而背文已凸起于外者，万无复作背式夹入其中理，此中微妙难明，不得不归诸神异矣"。在这一段论述中，梁氏分析了关于透光镜成因的三种说法，"人镜生辰互感说""镜药固铜说"和"夹镜说"，通过他的分析可以看出，他认为这三种说法都不能令人信服，也都进行了比较客观的辩驳。关于透光镜，历代都受到关注，北宋沈括在《梦溪笔谈》中就已经概括性地指出其透光原理"人有原其理，以为铸时薄处先冷，唯背文上差厚，后冷而铜缩多，文虽在背，而鉴面隐然有迹，所以于光中现"。清代科学家郑复光则与沈括观点相似，很可惜沈括与郑复光的观点梁氏并未看到，否则也不会最终只能无奈道"此中微妙难明，不得不归诸神异矣"。虽然梁氏没有最终弄清透光镜的原理，但是他科学谨慎的态度，特别是其对铜镜铸造工艺的关注是值得肯定的。《藤花亭镜谱》中梁氏著录的透光镜不只这一面，结合2022年美国辛辛那提艺术博物馆发现透光镜的情况，说明古人虽然不是刻意地在铸造透光镜，但由于一脉相承的铸造工艺，当有不少保存到今天的铜镜在打磨之后都存在"透光"的现象，这也提示我们在开展铜镜研究的过程中应该加强对铜镜工艺的关注，发现更多铜镜的秘密。

（5）文学与情感价值

《藤花亭镜谱》不仅是一部铜镜研究与著录的专著，也是梁廷枏作为收藏家的自况，在描述铜镜，特别是对图画性纹饰进行描述时，梁氏的语言是简洁而优美的，比如第四卷所收"仙人观瀑镜"，梁氏这样描述，"其中流泉清湛，叠石为平台，一人坐其上，翘首仰眺，目注前瀑，衣带飘摇道骨仙风，宛然如见。后一童作敛手侍立状，亦仰面远观。童后有竹数竿，双钩极潇洒之致。微云起于竹杪，云端双雁鼓翼翱翔，台侧芝草一披双茎。水际荷花正开，叶侧吐芽，短荻参错，疏枝右则，巨石扫流，苔点蒙茸。上有悬崖，草丛风偃。一瀑界石飞流而下，至巨石之面为积苔所掩，再起一叠，作怒泉喷出，直注平川"。这一段描写真如一段小品文，不但能做到即使没有拓片也能让读者清楚画面内容，宛如在眼前，更兼语言清雅，悦目娱心。单是读此一段已经是一种享受。如此介绍铜镜，铜镜中的世界又怎能不令人向往。

不但如此，在行文中，梁氏还饱含感情地谈及与师友亲人的感情，许多内容令人动容。比如第一卷所收"汉长毋相忘镜"，梁氏在著录完铜镜之后因为这面镜曾为自己的父亲所藏，因此写道"先子常携之行箧者，裁宋锦连环囊并贮之，外更覆以螺钿合璧漆匣，装潢雅致。自闽归，经十八滩，舟坏，他物尽失，惟此独存。仿佛如子固兰亭故题咏时。及之予极承房师耒阳谢东平先生教迪，庚子方得选澄海，而先生已卸县事旋楚，维舟珠江，来越华池馆话别，师弟临歧依依，因捡箧取彼镜献之，海上琴弦云山阻隔，每摩挲此镜，不禁感叹而兴也"。这一段描述叙述了两段回忆，一是对父亲的回忆，父亲因为船坏落水，随身之物尽皆丢失，但看到这面镜子保存下来时的欣喜之情仿佛还在面前。二是自己与恩师谢东平先生的交往。两段交往最终都汇聚在这面铜镜上，物是人非，不只作者感叹，读者读到此处，又怎能不感叹。也印证了这面镜子的铭文"长毋相忘"，这面来自汉代的镜子与作者的人生产生了千丝万缕的联系，也让今天的人在理解古物的时候多了一种角度，"长毋相忘"这种恒久的感情，并不会因为时代的变迁而改变，而那些如铜镜、古迹一样的"永恒之物"则不断地提醒着我们，总有些人和情感是无法忘却的，珍惜今日事，善待眼前人，"一旦过眼烟云已非己有，悔将何及"，这也是古物的重要价值，更是对于古物著录的重要价值。

纵观梁氏著录，虽然限于当时条件与自身学力、眼界，存在着各种各样的问题，但是其价值是值得被重视的，当今文物研究，特别是铜镜研究界在完成了大部分分期断代的工作之后，或许更应该逐步加强对学术史的梳理，以历史自觉从前人的著作中吸收养分，做出更多对未来有益的研究与探索。愿梁氏之珠得以浮尘尽去，重现光华。

校释说明

1.《藤花亭镜谱》笔者目前所见有两个版本，较常见的为《续修四库全书》本，该版本无附图，铜镜仅有130余面。另一版本为中国国家图书馆收藏的徐乃昌与徐行可所藏本，该版本原为北京图书馆所藏，更完整，而且带有附图，为善本，本书即以此版本为底本。

2.《藤花亭镜谱》原书无标点，为了便于读者阅读与利用，本次校释对全书进行了标点、句读，对内容涉及的人名、地名、书籍等进行注释。

3.《藤花亭镜谱》原书为繁体，出于尊重原书的考虑，原文部分仍然沿用繁体，个别不常用的异体字以常见繁体字进行了替换，对此不再专门进行注释。同时为了便于读者阅读，校释及考释部分用简体字。

4.《藤花亭镜谱》原书有分卷，此次整理沿用其分卷不变。原书每卷收录的铜镜没有序号，为便于读者阅读及查阅，此次整理按照原书著录顺序统一进行编号，原书中个别铜镜有相似纹饰收录多件的情况，常以"又一器"的表述说明，本次整理保留其表述，但不再对其另行编号，同一纹饰铜镜，不论著录几件，仅有一个序号。

5. 本书与常见单纯的古籍整理类书籍不同，除了整理点校之外，对每一面铜镜增加了研究部分。研究部分通常以"图考"的形式进行，即对书中所著录的铜镜的时代、价值等进行考辨，并选择考古发现、公私收藏的形制类似的铜镜进行著录比较。个别难以找到比较的铜镜则不强求对比，仅进行分析考释。

6. 本书中每一篇的基本组成是：①序号+原书铜镜名；②原书著录文字（点校+注释）；③原书附图；④图考（相似铜镜图版+考释文字）。

7. 本次整理与考释，本着向前人学习的态度开展，力图在保证科学性的前提下增强原书的可读性，有可比者则比之，能释者释之，不求强解，所以有些并没有肯定之说，或仅为倾向性意见。

8. 本次整理的目标，一是存亡续绝，有感于先贤的学术成就和精神品格，希望能将其发扬光大；二是建构学术史，通过为学科发展做一些基础性的工作，唤醒沉睡的学术遗产，思考其学术史意义，从而为学术史构建添砖加瓦；三是经世济用，为了有利于当代和后世更好地理解和挖掘文物的价值，从而实现让文物活起来，让人们从文物中汲取精神资源、唤醒历史意识、获得人生力量的目的。

原书序

三代以上，鼎、彝、尊、匜之屬，表功命器最稱隆重，餘亦日用所必需。故范金合土之工精絶百代。漢唐而後，陶治日備，代金以泥。需於日用者，惟鏡為最，而鼓吹玻璃之法未出，於是官私之鑄积而遂多。代設專官，職司模鍊。固不獨"尚方"一令之見於漢志而已。然考著錄諸書，歐①、趙②、劉③、洪④而外，如董逌⑤、黄伯思⑥、張

---

① 指欧阳修（1007～1072），字永叔，号醉翁，晚号六一居士，江南西路吉州庐陵永丰（今江西省吉安市永丰县）人，北宋政治家、文学家、金石学家。撰有金石学著作《集古录》（今已散佚），利用铭文碑刻，释文考史，开辟了学术研究的新门径，奠定了我国金石考据学的基础。

② 指赵明诚（1081～1129），字德甫（一作德父），山东诸城人，北宋末年官员、金石学家，著名女词人李清照的丈夫。著有《金石录》一书，著录其所见从上古三代至隋唐五代以来，钟鼎彝器的铭文款识和碑铭墓志等石刻文字，是中国最早的金石目录和研究专著之一。

③ 指刘敞（1019～1068），字原父，一作原甫，临江新喻荻斜（今江西省樟树市）人，北宋学者、史学家、经学家、散文家。庆历六年进士，后官至集贤院学士。开私人收藏著录古器物的先例，把家藏的十一件古器物，使人摹其铭文，绘其绘画，刻之于石，名为《先秦古器图碑》（今已散佚）。

④ 指洪适（kuò）（1117～1184），字景伯，号盘州，宋饶州鄱阳（今江西省鄱阳县人）人。南宋高宗绍兴十二年（1142）进士，后官至右丞相。著名金石学家，著有《隶释》，是现存年代最早的一部辑录和考释汉魏晋石刻文字的专著。

⑤ 董逌，字彦远，东平（今山东东平县）人，北宋藏书家、书画鉴定家。靖康末，官至司业，以精于鉴赏考据擅名。董逌依其藏书撰《广川藏书志》二十六卷（今已散佚），另著有《广川画跋》六卷、《广川书跋》十卷。《广川书跋》收录三代铜器铭文、秦汉碑刻及唐宋书法名家作品，具有很高的史料价值与研究价值。

⑥ 黄伯思（1079～1118），字长睿，别字霄宾，号云林子，邵武（今属福建）人。北宋晚期重要的文字学家、书法家、书学理论家。著有收录私家古物收藏的《博古图说》11卷（今已散佚）。

掄①、薛尚功②以及趙九成③、吕大臨④、王俅⑤各著專書搜羅富有。其中，或摹繪形制，或臚列識文，大率意為會通。合以近世儀徵相國師之《歁識》⑥，王述菴侍郎之《萃編》⑦，張氏之《金石契》⑧，陈氏之《金石圖》⑨之十有餘家者，可謂有器必

---

① 张抡，字才甫，自号莲社居士，开封（今属河南）人，生卒年均不详，约宋高宗绍兴末前后在世，文学家、金石学家。著有《绍兴内府古器评》2卷，共收铜器一百九十五件。除下卷中的博山炉外，皆为汉以前器物。所收器物不绘图形，不摹款识。有铭文者，在器名下注明字数，加以考释。对有些器形、用途亦有简要说明，并附评论。

② 薛尚功，字用敏，浙江钱塘（今浙江杭州）人，生卒年不详，宋代金石学家。著《历代钟鼎彝器款识法贴》二十卷，收铭文五百一十一件，绝大部分是商周铜器铭文，汇考释诸家之大成，并加以比较分析，有勘误订伪之功，对考据之学颇有裨益。另有《重广钟鼎篆韵》7卷（今已散佚）。

③ 赵九成，南宋金石学家，生卒年不详。著有《续考古图》五卷。著录古代器物一百件，体例与吕大临《考古图》相似。器物注名称，摹绘图形、款识，记录大小、容积、重量，出土地点及收藏之处。少数有铭文而不摹，摹文而不释。

④ 吕大临（1042~1090），字与叔，号芸阁，宋代金石学家，京兆蓝田（今陕西蓝田）人。著有《考古图》10卷，收录了当时秘阁、太常、官廷内藏和民间青铜器二百二十四件，石器一件，玉器十三件，大多是价值极高、造型精美的精品。每器先摹画器物图像，定以器名，然后又写短文叙述时间、地点、大小尺寸、容积重量，流传经过及收藏情况。考证精当，具有极高价值，历来备受学术界赞誉。

⑤ 王俅，字子弁，南宋初年金石学家，任城（今山东济宁）人。好学工文，精于古文字。著有《啸堂集古录》传世。该书上、下两卷，上卷收录三百四十五器，下卷二十八器，所录包括钟鼎盘匜、权印带钩等各类铜器，摹写文字并释文，无图像及考释。

⑥ 指阮元及其所著《积古斋钟鼎彝器款识》。阮元（1764~1849），字伯元，号芸台、雷塘庵主、擘经老人、怡性老人，江苏扬州仪征人，清朝中期官员、经学家、训诂学家、金石学家。著有《山左金石志》《两浙金石志》《积古斋钟鼎彝器款识》三部金石学著作。梁廷枏受到阮元的赏识，并向阮元执弟子之礼。《积古斋钟鼎彝器款识》著录商、周、秦、汉、晋铜器五百五十一件。先摹录文字，再进行考释。卷首有《商周铜器说》，认为铜器的重要性不在"九经"之下，介绍了周代有关彝器的记载和汉以后彝器出土的情况。是较早著录、研究钟鼎彝器之书，对考古学、古文字学，特别对金文的研究有重要的参考价值。

⑦ 指王昶及其所著《金石萃编》。王昶（1725~1806），字德甫，号述庵，又号兰泉，江苏青浦朱家角（今属上海）人，清代文学家、金石学家。乾隆十九年（1754）进士，历任江西按察使、陕西按察使、云南布政使，官终刑部右侍郎。《金石萃编》共一百六十卷，成书于嘉庆十年（1805），以著录历代碑刻为主。汉以前按原来的篆、隶书摹写，汉以后用楷书。总计石刻达一千五百余种，另收铜器铭文十余则。碑文按时代为序编次，碑文后附有散见于各金石书、文集中的有关题跋，最后是编者的考释、案语，极具资料性与学术性。

⑧ 指张燕昌及其所著《金石契》。张燕昌（1738~1814），字文鱼，号芑堂，又号金粟山人，浙江海盐人。嘉庆间举孝廉方正，长于金石之学，善鉴别，精篆刻。

⑨ 指陈经及其所著《求古精舍金石图》。陈经，清代金石学家，字仓之，号辛彝，乌程（今浙江湖州）人。阮元弟子，曾署嘉定主簿。善刻印，家藏尊、彝、泉、印、砖、瓦甚富，精于考证。（转下页）

錄無義不搜。顧統計其所收，皆三代多而秦漢少，鼎彝多而鑑鏡少。獨《宣和博古圖》①錄所載諸鑑別存門目。視他器，已僅十之一，而成書衆手，往往疏於考訂，所列釋文又與摹出銘字不甚相符，强隸諸門，復瑣屑無當。恭讀《西清古鑑》②，采錯金鏤，繪鑴工緻。其中，釋字訓義駁正前人，尤非有宋諸賢之所可及。

秘函紬繹，窺測誠欣。竊謂薈萃成編，與夫分類記載，其體例必將有詳畧懸殊者，若虞荔之《鼎錄》③，陶宏（弘）景之《刀劍錄》④，並以專門之業傳信至今。是蓋識大識小之所攸分，而考据通貫之學，亦於是繫焉。予家非素豐，而先子所資以養疴着，惟金石文字之是。嗜古器，因畧有所蓄。其後讀書武夷，習静西樵，擇其輕便可摩挲者攜之行篋。嘉慶己庚之歲⑤，避洋匪徙居，旋復見背。舊存殆不可問，猶幸所蓄漢唐諸鏡數十具，巋然尚留篋笥，緣是有譜錄之思。十年來，督課會城，每就故家購得一二，復從需次諸君易其所有，久則數半於前。今春服闋不欲，遽出就驗，爰以其暇。取乾

（接上页）求古精舍为其斋堂号。《求古精舍金石图》全书共四卷，收汉至宋的瓦当、砖雕、鼎鬲、古泉等物百数种，多为陈经自藏，绘刻精美，图后附文说明，详述款识、器形、尺寸。

①　《宣和博古图》，宋代金石学著作，由宋徽宗敕撰，王黼编纂，于宋大观初年（1107）开始编纂，成于宣和五年（1123）之后。著录了宋代皇室在宣和殿收藏的自商代至唐代的青铜器八百三十九件。分为鼎、尊、罍、彝及盘、匜、钟磬錞于、杂器、镜鉴等凡二十类，各种器物均按时代编排。对每类器物都有总说，每件器物都有摹绘图、铭文拓本及释文，并记有器物尺寸、重量与容量。有些还附记出土地点、颜色和收藏家姓名，并有对器名、铭文所作的详尽说明和考证精审，是北宋金石学集大成之作。

②　《西清古鉴》，四十卷，附《钱录》十六卷。是一部著录清代宫廷所藏古代青铜器的大型谱录。清乾隆十六年（1751），乾隆皇帝下旨，命吏部尚书梁诗正、户部尚书蒋溥、工部尚书汪由敦，率翰林仿宋宣和年编制的《博古图》样式，将内府庋藏的鼎、尊、彝等青铜器分门别类，荟辑成编。全书著录清宫所藏古代铜器一千五百二十九件，每器绘制一图，图后以楷书系说，记录器物的方圆围径、高广轻重，对古器物的铭文均钩摹注释，并汇集前代诸家学说进行了详细的考证，堪称当时金石学的最高成就。

③　虞荔（502～561），字山披，会稽余姚（今浙江余姚市）人，南朝梁、陈时著名文臣，唐初名臣虞世南之父。《陈书》《南史》有传。《鼎录》一卷，旧题虞荔所做。书中著录撰者搜求的历代铸造铜鼎的传说故事。起自皇帝铸鼎，终于晋，是一部关于铸鼎记载的专门性书籍。

④　陶弘景（456～536），字通明，自号华阳隐居，谥贞白先生，丹阳秣陵（今江苏南京）人，南朝齐、梁时道教学者、炼丹家、医药学家。道教流派上清派的重要传承人。《刀剑录》即《古今刀剑录》，一卷，旧题梁陶弘景撰，是一部记录介绍古代刀剑的专著。书中记录了远自夏禹、近到梁武帝各个朝代所制宝刀、宝剑的数目，并对每一把刀剑的名称、尺寸、铸造过程以及铭文等详加著录。但对于书的作者及著作时间后代多有质疑。

⑤　按：己、庚均为天干，干支纪年法中无己庚年，此处可能是己卯、庚辰两年的简写，即嘉庆二十四年、二十五年（1819、1820）。

隆六年工部尺[①]與今布政司所常用權碼[②]，量衡其廣狹輕重之数，依其質製、銘識一一記録，旁推博引，考證以定其時代，畧如考古之例，即拓本摹繪其原形而説以系之。復用《宣和》例，以銘識之有無次卷苐之先後，自漢終明成譜八卷。世傳黄帝液金爲镜，採陰陽以合日月，通鬼神而防魑魅，此四靈、八卦、十二辰、廿四氣之所自昉。而後虞舜、周武銘製聿彰。逮至嬴秦，遂傳照膽。然世代已遠，徒起慨思。今日所存，特以两漢之器爲最古。沿及六季、隋唐，舊鑄規模尚在，雖文質、方圓之用時有變化增減於其间，而要能不失古人意象，凡自星辰、神衛、卦畫、枚乳以逓龍、鸞、犀、馬、羽毛、鳞爪，迄乎嘉禾、連理、葡藤、葵瓣，莫不有所依據，非若後世俗工之杜撰無理，但矜細緻以誇示庸目而已。至其銘識，則言别長短體分篆隸，四言而外，更效栢梁，即片語單詞自書名姓，亦足以資考索，補史傳之所未備。又非若宋以後之描寫故事，獨標鑄肆，冀廣招徕者比也。當先子之彙收諸镜也，凡面見青翠斑駁者輒棄之。以谓鐘鼎尊彝假積緑以徵古可也，镜不可照，則失镜之用，必非美銅精錬之所出。斯言與儀徵師所謂“精金氣不外洩，必無青緑者”殆若合符。予續收時雖未獲，盡汰彼存此，顧守此意以事搜求，因遂見多購少，積之固匪易。易夫唐人，僅得一鏡，猶舉其神異之故述之成書。今以百有餘器之偶聚一時，不及此薈萃而考证之，一旦過眼烟雲已非己有，悔將何及，毋亦爲先人羞乎。是則區區録譜之本意耳。

道光二十五年乙巳，長至[③]。梁廷枏識於藤花亭。

---

① 乾隆皇帝自即位起就重视礼乐制度等规范的重新确立，其中就包括了对度量衡的重新校订与颁行。乾隆六年（1741），他认为礼乐制度典籍《律吕正义》只是涉及了乐制乐理，尚有不完备之处，于是命允禄、张照等编纂《御制律吕正义后编》，其中设专章“度量权衡考”，为全国各地制定标准化的礼乐用具提供度量衡标准，使之成为制器定律之本。其中所使用的标准尺正是乾隆六年颁布的工部尺。目前，中国国家博物馆还藏有一件铜制乾隆皇帝钦定权度尺。上有烫金楷书铭文“高宗纯皇帝钦定权度尺”和“户部库平、工部营造尺均遂旧制，与万国权度原器精校铸造”字样，当是营造尺之标准器。经实测，该尺通长32厘米，分十寸，每寸合32毫米。详见丘光明：《中国历代度量衡考》，科学出版社，1992年，第106页。

② 清代官方一两约合今天36.3～37.3克。详见丘光明：《中国历代度量衡考》，科学出版社，1992年，第513页。

③ 即夏至，一年中白昼最长，故名。

目录

---

　①　编者按：原书目录中各镜前不加年代，镜名后不加"有銘"等字，但书中正文部分每镜前均有年代，后有"有銘"等字，为便于读者前后对应，特根据正文部分每镜题铭对目录进行补全。

　②　编者按：此镜《续修四库全书》版中无，今据徐乃昌、徐行可版本补入。

《藤花亭鏡譜》图注考释

---

① 编者按：此镜原书正文中有，但未收入目录中，为便于读者对应及查询，特补入目录中。

② 编者按：此处原书内容为"以上汉二十有二镜"，但细审目录，加上"又一器"，共二十四器，特此修改。

---

① 此按语为后世编者所加，并非梁廷枏原著，按语为何人具体加于何时已不详，但当时显然曾流行过两个版本，今《续四库全书》所收《藤花亭镜谱》中并无此句，且罗振玉曾批评梁氏误将日本和镜当作中国镜子，可见罗氏所见版本亦无此按语。

---

① 《续四库全书》版目录中"桃花鏡"顺序在"大葵花鏡"前，但观其内文先后顺序，可知目录中位置倒错，今据徐乃昌、徐行可版调整。

② 《续四库全书》版目录中有"四龍雙鳳鏡"与"四乳四虁鏡"两镜，但正文中无这两面铜镜的具体介绍，徐乃昌版存。

① 此镜徐乃昌版作"小十二辰鐘"，据《续四库全书版》改为"小十二辰镜"。

---

① 《續四庫全書》版目錄中有"四乳藏虬鏡"與"四乳八虁鏡"兩鏡，但正文中無這兩面銅鏡的具體介紹，今據徐乃昌版補。

藤花亭镜谱

1 漢君宜官位镜　有銘

徑四寸五分①，重十有三兩二銖②。邊四分純素③，凹下稍作仰竹形，可二分強。署起，週作半月形者凡十有二。邊規内向，規相聯接，即以定鑄文之限。文兩旁各作虯龍，左升右降。紐圓如覆釜，接紐之上下並作兩直界畫。一圓點如星日者塞其末空。銘在畫内，凡四字，篆書。上曰"君宜"，下曰"官位"，文並向外。字畫極平整，惟宜下多兩短直如垂足。與漢宜君公鏡之"公"加首直，長宜子孫鏡之"宜"加尾直同。惟此則"位"之人旁倒右爲異耳。漢鏡有銘文與此四字全同，特分列於四面而各以蝙蝠間之者④。又有建安十年鑄止"君宜"二字者，其位置亦一同此器。餘如"君宜高官"與"位至三公"二鏡，皆上下各二字，所不同者在旁夾之物事，與此器皆稱漢鑄之佳品，自然青黑古厚有餘。即紐背揩摩處署露銅色，愈徵年代之久遠，不獨以面光雪亮爲未經土蝕之據也。

自《易》有"懸象著明莫大乎日月"之説⑤，而鏡之爲用亦取明照，故由秦以来，其製皆尚規圓，所以象日月也。日月懸光於天，仰而望之。鏡懸光於人，近而察之。故鑄鏡者莫不備一穿以受懸，而紐之制起焉。紐附乎鏡，一鏡必有一紐，其變爲方扁橢圓，或捨紐而柄者，皆宋以後師心蔑古者之所爲，唐以前無是也（按秦以前鏡制度不可見，據《宣和圖》總説稱"西漢高祖受命之初，入咸陽得方鏡，洞燭腸胃"云云，則秦以前鑄法亦有方者，所謂圓者規天，方者法地，當是方圓並用不拘一格也）⑥。顧

---

①　此镜直径约合144毫米。

②　每两以中位数36.8克计，此镜重约合481克。

③　镜缘光素无纹，宽约12.8毫米。

④　此处是作者将汉代的变形花叶纹误认为蝙蝠纹，从文字描述的情况看，该镜的形象应与陕西省文物管理委员会编《陕西省出土铜镜》（文物出版社，1959年）一书中编号68的汉代"长宜高官"连弧纹镜类似，图版见该书第78页。

⑤　出自《易经·系辞》第十一章："是故，法象莫大乎天地，变通莫大乎四时，悬象著明莫大乎日月，崇高莫大乎富贵。"

⑥　此段按语，从内容看非梁氏所作，但考《藤花亭镜谱》各版本均有，似是最初刊行时已有，不知作者是谁。

著錄之家，每以鼻名，因而世俗遇唐紐之稍巨者，輒呼之大鼻鏡。以三代彝器言之，凡鼻無不麗乎器之面者，禮所謂"尊壺面鼻"①是也。今鏡之背與面分明若此，安有鼻生於背之理耶？紐，《說文》"糸也"。一曰結而可解，《周禮·夏官·弁師》"朱裏延紐"註："小鼻，在武上，笄所貫也。"據此，則"紐"之與"鼻"明分二物，而絲繩貫結正與解字相符。嘗見漢印諸紐皆象形，而莫盛於瓦鼻，則"紐"屬統詞，"鼻"乃紐中之一物又明甚。此編並稱"紐"，不稱"鼻"，而發其凡於此。

梁氏所录"漢君宜官位镜"

-图 考-

根据梁氏著录的文字描述及附图，此镜确为汉镜，与《中国铜镜图典》著录汉代"君宜高官"直行铭文双夔镜非常相似②。这种夔龙铭文镜主要流行于东汉晚期至魏晋时期。

---

① 出自《礼记·少仪》："尊者，以酌者之左为上尊，尊壶者面其鼻。"对于这句话的解释，学术界争论较多，主要是探讨礼仪活动中人与礼器之间的站位关系。对于句中的鼻，学界主要有壶嘴、兽面纹的鼻子及壶腹部装饰三种解释。参见阎步克：《"尊壶者面其鼻"辨——〈礼记·少仪〉一个文句的注译问题》，《文史》2019年第2期。

② 孔祥星、刘一曼、鹏宇：《中国铜镜图典》（修订本），上海古籍出版社，2020年，第625页。

汉代"君宜高官"直行铭文双夔镜

金石学自宋代出现，至清代晚期发展壮大，对于研究古代器物具有非常重要的作用。但是由于缺少考古学地层学与类型学的方法，也没有通过田野考古发掘来认识古代遗迹遗物的途径。因此，金石学主要是依靠对古文字的研究，掌握历代文字的特点进行断代。因此，在对这件铜镜的断代分析里，梁氏着重提到了该镜铭文中"字画极平整，惟宜下多两短直如垂足。与汉宜君公镜之'公'加首直，长宜子孙镜之'宜'加尾直同"等笔画特征。应该说，对这面铜镜的认识还是比较准确的。

另外，由于是开篇第一面铜镜，文中还谈到了铜镜镜形多为圆形的原因，以及镜钮部位在书中称"钮"而不称"鼻"的原因。

2　漢元光鏡　有款識^①

　　徑四寸^②，重兩有四分^③。邊純素可二分强，銘在邊圍內，皆篆書云"赤漢元光元年五月丙午日辰，太歲□□，造作尚方明鏡^④，幽錬三商，周流無極，山海光明，長樂未央，貴且昌，宜侯王，□命長生，□官位至三公，壽如東王父西王母，仙人"^⑤。凡六十有三字^⑥。紀年兩元字與光明之光下半並左右互易。壽如之"如"，仙人之"仙"二字偏旁倒裝，"央"多"草"作"英"，漢器多有之，不足爲異。中四字溤滅不可見，筆如細絲，精妙絶倫，字雖多，若綽有餘地，卽兩漢銘似此者亦不多得。銘首尾以花辦四出中貫十字者離之。二圍內週作橫畫，雙圍夾之，內復一圍，方塊凸依於內圍邊者凡九塊，各一字，亦篆書曰"元光作明竟幽錬三商"。字形首數字溤滅以外，圍銘紀年字測其點畫知之耳。方塊之間作半月形，內各自有邊小疊圍滿其中，而各以磨牙隔之，餘復各依月形外環加小。又一圍，內作三龍形，龍各有珠，其口又各有所嘀，橫於輔胑外，大致與四神相似。紐凸起作銀錠狀，幾塞滿內圍，而以陰文小圍居背之中。此鏡藏鮑東方大使［鎮東］所，鮑揚州人，蓋得於其鄉之故，家珍之不肯輕出示人。以鹽官需，次於粵。十餘年前，分發初至時，儀徵師方秉鉞講古器。鮑之戚好馬氏者，小玲瓏山館主人也，自前明遺巨鼎介，鮑以致於節署，意得厚值請之，而未卽入，師旋移節滇黔，鼎留鮑家。庚子冬，偶來學海堂探梅，適與邂逅，謂當舉鼎送堂，將以薄值寄馬，邀予往視，以無銘識辭之因出此鏡。當時曾錄其銘文，迨再還講院，則鮑已物故所蓄古件多鬻於人。予門何南野孝廉，知鏡所在，爲購得之。此譜方成，刻己藏，不欲古器之湮沒也，爰補入，而詳其流傳之由如此。

---

①　此镜《续修四库全书》版中无，今据徐乃昌、徐行可版本补入。

②　此镜直径约合128毫米。

③　此镜重约合43克。

④　细审此镜附图，此处脱一"汉"字，当为"汉造作尚方明镜"。

⑤　细审此镜附图，此处脱"子乔"二字。

⑥　此处"凡六十有三字"不知如何计算。按文中作者释读录入共60字，脱"汉""子乔"三字，另有4字无法识别，全文共计67字。

梁氏所录"漢元光鏡"

-图考-

　　初看梁氏著录文字及附图，很容易深信此镜为汉镜，然而仔细核对就能发现颇多疑点。第一，梁氏此元光元年镜的纹饰为环绕式神人神兽镜，此类纹饰出现于东汉时期，广泛流行于东汉晚期至三国西晋时期，不应出现于西汉武帝时期的铜镜上。第二，此镜直径128毫米，重量却只有约43克，过于轻薄，不像西汉时期汉镜的情况。可能为梁氏记录错误，也可能另有原因。第三，梁氏著录此镜镜钮为"银锭形"，学界公认的看法是银锭形钮始于元明之际的铜镜上，广泛流行于明代铜镜中，汉代未见银锭钮铜镜。综合上述情况，笔者以为，此镜当为后仿镜，具体仿制时间更可能是在明代。

3 漢千秋萬歲鏡　有銘

　　徑二寸八分[①]，重兩有八銖强[②]。邊圍微作凹形，通體平素無花。銘凡四字，正書曰："千秋萬歲"，讀從左旋，或作"萬歲千秋"，亦左文，"讀"字脚並向內。紐圓銳，擦久而平矣。"萬"左出，作"万"，與儀徵師相《積古齋款識》載"漢尚方銅器"之作"萬"者不合。或以漢銘宜篆，然據《博古圖》"漢九子鏡"全用正書不篆，其他所載如"四神""神象""神人三獸"[③]之屬以正書爲鏡識者尚多，皆漢器也。宣和去唐代未遠，當修輯時，無論內府舊藏與民間新進，皆一一得而摩挲之，視按圖索驥者頓殊。意其時，唐鑄入手即辨，今以入諸漢鑄，是必確有所據以爲識別者。且此鏡剽薄如紙，或即《圖》[④]之所稱"水浮"異質，謂其"出鑪，錘而不累於形，器之重脱去滓穢，輕清如蜕者"[⑤]，殆指此種而言。又《圖》別有"千秋萬歲鐵鑑"[⑥]以入諸唐代，"萬"亦左出作'万'，與此字體正符，惟徑圍較寬，故其銘特多"富貴不斷"一語。予家藏《元至大重修宣和圖》刻本，卷帙長大而鏤刻精細，諸器每依原樣。今細審龜紐之右有"元厶年"字陰文可辨，第二字稍泐，止存其"厶"，當是"始"字。"元始"爲漢平年號，此後迄唐年號無从"厶"者，知爲漢器而《圖》自矛盾也[⑦]。蓋官撰書籍成於諸人之手，往往有釋文與原器所摹不符者，其誤斷不獨一鏡爲然矣。以鐵鑑証此，則此爲漢器蓋無疑義。據《圖》內鑑門總説謂此爲頌禱之詞，但制度旣質字畫又不甚整齊，恐非進御物也。

---

①　此镜直径约合89.6毫米。

②　此镜重约合86克。

③　"四神""神象""神人三獸"这三面铜镜均著录于《宣和博古图》卷廿八，乾象门。

④　指《宣和博古图》。

⑤　此段内容引自《宣和博古图》卷廿八，水浮门"汉六花水浮鉴"条。

⑥　此镜著录于《宣和博古图》卷廿八，铁鉴门"唐千秋万岁铁鉴"条。

⑦　"自矛盾也"四字，《续四库全书》本作"特偶誤也"。

梁氏所录"漢千秋萬歲鏡"

— 图 考 —

五代"千秋万岁"铭文镜

这面"千秋万岁"铭素镜的断代对于梁氏来说存在两个难点，第一是铭文不用篆书而用正书，且"万"字字形独特；第二是器形过于小巧轻薄。梁氏首先从铭文出发进行了考证，由于其铭文中的"万"字为正书，并非篆书的"萬"字，而且这个万字的第二横左出，作"万"，所以令梁氏陷入了两难之地，梁氏以《宣和博古图》为主要依据，却发现汉镜中铭文并非全是篆书，也有正书，所以即使《宣和博古图》中收录一面铭文写法类似的"千秋万岁"铭铁鉴定为唐代，但最终梁氏依然将这面镜子定为了汉代，并将此镜过于轻薄的疑点以《宣和博古图》中"水浮"门鉴的铸造工艺进行了解释。

实际上，从今天的考古发掘和博物馆收藏看，对这两点的解释都存在误判。首先，铭文字体很难单纯以篆书或正书的书体差别进行断代，这一点梁氏自己也认识到了，因为《宣和博古图》中著录的汉镜铭文就兼有篆书与正书；反而是梁氏注意到的"万"字左出的独特写法更具有断代标识性，目前所见，不仅汉代的"万"字未见此种写法，即使唐镜中的"千秋万岁"铭镜也未见此种写法[1]。目前所见铜镜作"万"字写法最早见于五代，江苏连云港五代吴大和五年（933）墓曾出土一面[2]。此外，辽代"千秋万岁"铭花钱的"万"字亦多见此种写法[3]。

其次，从铜镜形制看，此镜极轻薄，与上述五代"千秋万岁"铭镜的厚重略有不同。但也并非梁氏所说的《宣和博古图》中的水浮镜，考《宣和博古图》中的水浮镜实为战国镜，确实镜体极薄，但通常直径较大，并无此种小镜，此镜更像是元、明时期流行的以吉祥钱文铸造用于压胜的钱文小镜。除这种"千秋万岁"铭小镜外，还有"开元通宝"钱文镜[4]、"西王赏功"钱文镜[5]等。

基于上述原因，此镜时代当为宋辽时期。

---

[1] 目前所见唐代"万岁"铭镜既有'万'的写法，亦有'萬'的写法，前者如"千秋万岁"蟠龙纹葵花形镜，后者如"千秋萬岁"葵花形镜（分别见陕西历史博物馆：《千秋金鉴：陕西历史博物馆历代铜镜集成》，三秦出版社，2012年，第345、429页），但未见作'万'字写法的。

[2] 孔祥星、刘一曼、鹏宇：《中国铜镜图典》（修订本），上海古籍出版社，2020年，第1058页。

[3] 参见李宪章、李润波：《京郊平谷发现辽千秋万岁大钱》，《中国钱币》1996年第1期；逸泉、贾克佳：《"千秋万岁"钱考释》，《内蒙古金融研究》2003年第4期。

[4] 河北省文物研究所：《历代铜镜纹饰》，河北美术出版社，1996年，编号第157，开元通宝镜，但其时代定为唐代值得商榷，或在元、明。

[5] 深圳市文物管理办公室、深圳博物馆、深圳市文物考古鉴定所：《镜涵春秋：青峰泉、三镜堂藏中国古代铜镜》，文物出版社，2012年，第370页。

4 漢尚方八乳鏡 有銘

　　徑四寸四分①，重十二兩二銖②。沿邊一圍，作敧牙形。又一圍，牙與外圍背。又一圍，與外圍牙並內向。復週作斜橫畫。又兩圍，銘夾其中。四正四隅並作雙文曲尺凡八，方各二乳，合為八乳。四正之中，上有圓印，下有方印，蓋以方圓象天地也。左右雙文如篆體"下"字形，與四正之曲尺對，皆夾於兩乳之間，左二龍，右二虎，上鳳下咒亦各二。而後疊畫作方圍，勻排十二乳，四角均有菱花，紐在其中。乳間夾

梁氏所錄"漢尚方八乳鏡"

---

① 此镜直径约合140.8毫米。

② 此镜重约444.6克。

十二辰字，"子"字正對圓印。右旋而下，銘亦從右中而左行，凡四十有四，篆曰"尚方作鏡大毋傷，巧工刻之成文章。左龍右虎辟不祥，赤鳳白虎分陰陽，八子九孫涵中央。佳且好，樂未央，宜侯王"。首末以點間之。"佳且好"語，今所收龍氏鏡有之。圓方二印各有字，圓者巳刓不可見，方者為"宜王侯"是亦透光之器。

-图 考-

汉"尚方御竟"铭博局镜

　　根据梁氏著录及附图，此镜为汉镜的可能性较大。长沙市博物馆藏有一面类似铜镜，可兹比较。该镜直径164毫米，重466克。镜圆形，圆钮，柿蒂纹钮座，钮座外双线方框内饰十二乳钉间隔十二辰铭文。方框外为主体纹饰区，饰博局纹，博局间饰羽人神兽等纹饰。其外为双弦纹夹铭文带，铭文内容为"尚方作镜真大巧，上有仙人不知老，渴饮玉泉饥食枣"。镜缘饰锯齿纹及水波纹[①]。

---

　　① 长沙市博物馆：《楚风汉韵：长沙市博物馆藏镜》，文物出版社，2010年，第103页。

5　漢王氏鏡　有銘

　　徑六寸九分①，重二十有五兩八銖②。邊及寸而弱，二圍中週夾花紋，環以犬牙，凹不及分，素質，可二分許。再二圍，銘夾其中。四方各二乳藉以八出花朵，爲龍八，每二龍分踞乳之左右，首各外向，故四隅間得兩龍相對，而虬夔各别。於此可悟，神物之與，鑄作皆有變化不測之妙。方隅各有雙文曲尺，合之亦凡八。上下二虎橫伏曲尺之上，反面內向。以猛烈鷙悍之獸，能使之低首貼耳下心內面範圍於繩尺中，是有深意存焉。中疊方圍，四正面各作雙畫如"丁"字形。方各四小乳，一隅兩用，故止十二乳，卽可平勻無缺。乳各間以篆文十二辰，自中左旋，乳間一字。又一小方格，引四面垂雲蔿其紐。銘字體與新莽銅權二器相彷彿，文凡四十有二字，篆書曰："王氏作竟百采服，多賀新家人民息，官位普照天下復，風雨時節五穀熟，長保二親子孫力，傳告後世樂無極。"末復作一立鶴，所以明起訖也。銘與驓氏諸鏡同，所不同者數字，其曰"百采服"，曰"官位普照"，曰"子孫力"，似篡位後欲收拾人心永傳孫子，鑄此吉詞以爲之兆。豈卽莽之自鑄，將欲乘飛龍以御八方傳後世爲是癡願耶？抑出當時貢媚固寵者之所爲，然則所稱王氏者又何人耶？予初疑上方左旁別有小圍中作數點，意是唐摹所識正書之已泐者，蓋唐代倣古必以此自別也。然細審下方亦有之，且其內明排四點，原爲尋常文畫，決非字形。又質薄意古，定爲漢器實無疑義。雖未知其鑄鍊之年爲"建國"爲"天鳳""地皇"，然在漢初始二年後更始元年前之十五年中固明甚矣。漢鏡銘多以"竟"爲"鏡"，固屬省文。然《宣和博古圖》於所載諸鏡並稱"鑑"而從省作"鑒"，則周時已如此，漢鑄之捨"金"從"竟"特倣是省之而已。卽鑑之爲鏡古義亦時有參差，如《周禮》司烜氏"以夫遂取明火於日，以鑑取明水於月"，鄭註謂"鑒鏡屬取水者，世謂之'方諸'"。《淮南書》"方諸見月則津而爲水"，而高註則云"方諸謂陰燧大蛤也，熟摩之令熱，月盛時以向月下則水生，以銅盤受之下水數滴"。說與鄭異。又，《說文》"鑑，大盆也"。段玉裁註引"凌人春始治鑑"註云"鑑如瓾，大口以盛水，置食物於中以禦溫氣，春而始治之"。段按謂鄭云，如瓾醢人作醢，云塗

---

① 此镜直径约合220.8毫米。

② 此镜重约合932.3克。

置瓾中，則鑑如今之甕，許云大盆，與鄭説不符云云。據此，是鄭氏兩説本自爲矛盾。然其註《考工記》以鑒燧之亦云鑒亦鏡也。又《詩》"宜鑒於殷"，鄭箋謂"以殷王賢愚爲鏡"則明與毛傳合。蓋古製原分二物，一以照形貌，一以取明水，爲用不同，故解之者亦有差別。《博古圖》録諸鑑外，别有氷鑑一器，作方長形，是漢時尚有之，不止三代也。蓋其照形之器與鏡同用，但經典多作"鑑"，後人多作"鏡"字，因時尚耳。又古鏡每作枚乳，故《宣和圖》别出枚乳一門，其總説謂："乳者養人之道然，三代鼎彝所以薦飲食言養固當，若鐘鏞之有乳義將何取乎？"其分説又謂"樂之聲所以養其耳，酒之味所以養其體，鑑所以觸其形"。而主養其説之生强往往類此。按《説文》"乳人及鳥生子也獸曰産从孚乙乙者乙鳥明堂月令乙鳥至之日祠於高禖以請子故乳从乙。請子必以乙至之日者，乙春分来秋分去，開生之候鳥，帝少皥司分之官也"。又解"孚"字云"乳也"，解"穀"字亦云"乳"。段註謂"上乳爲生子此乳謂旣生而乳哺之"二説並生育之義，後説意畧兼撫養而仍以初生爲主。然則鏡之恒作枚乳者，所以頌祝宜男，與漢九子長宜子孫諸鏡同意，蓋華封三祝終望多男，熊羆一詩詳符占夢，

梁氏所録"漢王氏鏡"

子孫千億之意，每著前聞，況鏡為居室之所恒需，觸目之所同見，即銘詞從署，已足於刻鏤寓之。今世俗"百子千孫"之文贈嫁桩奩尚存古意，不能謂無所本也。因此器有乳爰發其凡。

-图考-

新莽"王氏作镜"铭博局镜

根据梁氏著录，此镜为汉镜的可能性较大，但也不能完全排除为后代仿镜。原因主要有两点，一是其以一鸟纹（梁氏称为"立鹤"）作为铭文起讫处的间隔，汉镜中似极为罕见，而明代仿镜中出现过；二是观其摹拓，镜背右侧博局纹间似夹入其他纹饰，这种做法多见于明代仿镜中。基于上述两点，今虽暂定为汉代，但不能排除明仿可能。

故宫博物院藏有一面类似铜镜，可兹比较。该镜直径209.5毫米，重1020.6克。镜圆形，圆钮，柿蒂纹钮座，钮座外为方格铭文带，铸"子"至"丑"十二辰铭文，其外为主体纹饰区，饰博局纹，每个方向饰两枚乳钉，间隔饰以四神、瑞兽等。其外为圆形铭文带，铭文内容为"王氏昭竟四夷服，多贺新家人民息。胡虏殄灭天下复，风雨时节五谷熟，百姓宽喜得佳德，长保二亲受大福，传吉后世子孙力，千秋万年乐毋极"。镜缘饰锯齿纹及卷云纹[1]。梁氏在此还从文献出发讨论了镜与鉴的关系，以及乳钉纹的意蕴，特别是其关于乳钉的探讨，即使放在今天依然具有启发作用。

梁氏指出"镜之恒作枚乳者，所以颂祝宜男，与汉九子长宜子孙诸镜同意，盖华封三祝终望多男，熊罴一诗详符占梦，子孙千亿之意"，这与目前学术界关于博局镜中乳钉纹与宜男祷祝有关的认知一致。这也提示我们，主动接续传统，吸收前人研究成果对于开展铜镜研究具有重要的价值。

---

① 郭玉海：《故宫藏镜》，紫禁城出版社，1996年，第32页。

6 漢驧氏鏡 有銘

　　徑四寸二分①，重十有六兩八銖②。邊五分强，一圍內兩疊犬牙，並陽文中夾雙鉤如人字形。凹下二分許，週作豎畫，再疊兩圍，銘在其中。銘之內層作雙龍啣尾而出，角爪分明，精神煥發，又雙虬無角，口與龍對，亦自相啣尾。紐作半蓮子形，其背之以揩摩畧露原銅，一如"君宜官位鏡"質之，古厚亦如之。銘凡四十有三字，篆書曰："驧氏作鏡四夷服，多賀國家人民息，胡虜殄滅天下復，風雨時節五穀熟，長保二親得天力，傳告後世樂無極兮。"姓氏外，其文並與後所收"青盖鏡"同，惟末多一"兮"字，所以彌其空缺。卽此知其模範之有所本，字數可增而字位則一定而未可伸縮也。王莽時王氏鏡銘云"王氏作鏡百采服，多賀新家民人息"餘詞並同，洪氏《隸釋》載之。近日，陳氏[經]刻求古圖定爲六朝之器。予友錢塘何君方穀[澊]，家傳拓本最多，中有鏡范，亦爲著錄家所未見者，故考訂素號精密。所拓有黃羊一鏡曰"黃羊作鏡四夷服"，餘詞並同，末多"長與天地相保守"七字。又有周仲鏡銘拓本亦同。方穀謂漢人古音不少假借，"服""息"在入聲職德部，"復""熟"在入聲沃燭部，勢不可湊，至六朝始多通用，於是以兩鏡定爲隋器，說固似矣，然《博古圖》載"漢宜子孫鑑"銘詞一一皆同，惟首二字作"尚方"，固與《後漢書·百官志》合，可據洪氏定爲漢器，卽以《隸釋》及今所收之王氏鏡銘考之，實並鑄於新莽之年，其文卽漢人所撰，而用韻並同如此，似未可但以韻定也。故第卽其工鑄、質制、字畫之並與漢他鏡合者，定爲漢器不專以詞韻求之。又漢鑄多以"竟"爲"鏡"，今此有金旁，與漢之美言出約氾鏡始[下云蒼龍在左白虎在右長保孫子宜君子]一銘之從金者同，是亦漢鑄之一証。又《隸續》載有驧氏大小二鏡，銘自"天力"而止，亦有"兮"字，與此當同出一手。云大者藏江陰守王直中家，小者藏司直洪荄家，黃長睿審定以爲漢器，說見《東觀餘論》，據此則有先得我心者矣。又按，以銘韻定時代持論自正，然有不能拘者，葢詞章之道至廣至變，豈能執爲例限。漢人用韻尚在沈約四聲之前，凡古經、子、史所用，今以爲通爲叶者，皆漢人近承之師資也。此銘一韻，如《栢梁》而仄用之六韻中，先

---

① 此镜直径约合134.4毫米。
② 此镜重约合601克。

"服"次"息"次"復"次"熟"次"力"，極似是二韻間用，如後人隔句轉韻之法。但當時自可通用，未必有意爲之。如陸機《演連珠》云［情生於性，非性之適，火壯於煙微，性克則情約。是以殷墟有感物之悲，周京無佇立之跡。］宋玉《九辯》云［悲愁窮感兮獨處廓，有美一人兮心不繹，去鄉離家兮来遠客，超逍遙兮古今焉薄。］是二韻間用自周末至漢皆有之，此例殆不可枚舉，更就此銘所用之兩韻而求諸漢以上亦有可証者。今一一摘出，如《毛詩》云［謂天蓋高不敢不跼，謂地蓋厚不敢不蹐。］又［我行其野，言采其蓲。不思舊恩，求爾新特。］《逸詩》云［滑滑流水不雍不塞，轂既破瘁乃大其輻，事已敗矣乃重太息。］《士冠禮》祝詞云［月令月吉，始加元服，棄爾幼志，順成爾德。］秦《泰山石刻》三句一韻者云［皇帝臨位，作制明法。臣下修飾，廿有二年。初并天下，罔不賓服。］又《琅琊石刻》云［皇帝之德，存定四極。誅亂除害，與利致福。］此自周迄秦之可証者也。《易林》云［五岳四瀆，含潤爲德。行不失理，民受恩福。］又［覆手舉牘，易爲功力。月正元日，承平致福。］又［枉梏拘獲，身受牢獄。髡受刑法，終不可釋。］《漢書‧叙傳》云［總統城郭，三十有六。修奉朝貢，各以其職。］昭帝冠詞云［摛顯先帝之光耀，以承皇天之嘉祿。欽奉仲春之吉辰，普遵大道之郊域。九章鬱結紆軫兮，離愍而長鞠撫情，劾志兮俛屈以自抑。］班固《西都賦》云［草木塗地，山川反覆，蹂躪其十二三，乃拗怒而少息。］又《通幽賦》云［神先心以定命兮，命隨行以消息。幹流遷其不濟兮，故遭罹而盈縮。］《星經》云［進退如度姦邪息，變色亂行主無福。］此漢文字之可証者也。沿及魏晉極之唐代，並可偶舉見例者。夏侯湛《抵疑》云［栖遲窮邑，守此困極。吝江河之流不以躍舟船之械，借東壁之光不以寓貧婦之目。］曹植《思婦賦》云［何層雲之沈結兮，悼太陽之潛匿。雨淋涔而累注兮，心憤悁以悽毒。］郭璞《駒驥贊》云［駒驥野駿，產自北域。交頸相摩，分背翹陸。］阮籍《大人先生傳》云［行欲爲目前撿，言欲爲無窮則。少稱鄉黨，長聞隣國。上欲圖三公，下不失爲九州牧。］梁宣帝《百合詩》云［含露或低垂，從風時偃抑。甘菊愧仙方，藂蘭謝芳馥。］賈島《對菊詩》云［九日不出門，十日見黃菊。灼灼燿繁英，美人無消息。］韓愈《樊宗師墓銘》云［文從字順各識職，有欲求之此其躅。］又《進學解》云［月費俸錢，歲靡廩粟。子不知耕，婦不知織。］蓋略一憶及証佐紛来，已可假爲推波助瀾之具，況三唐、兩宋之名作林立哉。顧亭林先生所著《唐韻正》'福'字下引出兩韻同用，自易詩以迄史傳無慮數百條，皆漢以前書，與予所引互有同異，今不復縷述矣。雖然何君之爲此說不過隨筆自跋所藏，原非問世之書，今所引固其所習知者，他時當面質之，或更有說。學問之道無有窮境，予雖別有見，終未敢自信，惟虛能受益耳。

又按《後漢書‧祭祀志》孝武帝上石立泰山巔，注引劉文"四夷八蠻咸来貢職，與天無極八民蕃息，天祿永得"。"息""得"同用韻，亦可舉器爲西漢之証。

梁氏所录"漢騶氏鏡"

－图 考－

东汉"朱氏作竟"铭龙虎镜

　　根据梁氏著录及附图，此镜确为汉镜。广西梧州藏有一面铜镜，比较类似，可兹比较。该镜直径133毫米。大圆钮，无钮座，钮外饰二龙一虎呈追逐咬斗状。龙虎纹外为一周铭文带，内容为"朱氏作竟四夷服，多贺国家人民息，胡虏殄灭天下复，风雨时节五谷熟。长保二亲得天力，传告后世乐无极"。其外为一周短斜线纹。镜缘饰两周锯齿纹夹一周波浪纹①。此镜与梁氏所著之镜除铸镜师一为"朱氏"，一为"邹氏"，剩余之处基本相同。梁氏关于镜铭用韵的探讨值得关注，对我们理解铭文用词具有意义。

---

① 广西壮族自治区博物馆：《广西铜镜》，文物出版社，2004年，第132页。

7　漢周仲鏡　有銘

　　徑六寸五分[①]，重三十有六兩九銖[②]。沿邊一圍，斜下六分弱，內外並作犬牙，中列雙鈎如人字形者凡三圍。稍凹可分許，週佈豎畫，又二圍銘夾其中。環珠小乳分位四隅，左右各一雙輪車，素蓋文幨，六馬駕之，駢疊馳騁，異常神駿，惟左面馬首三順三反，與右之齊轡順軌者意象迥殊。《博古圖》"四衛鑑""衛"指馬言，所謂"輿衛"也。上下二神，上者設方座，側面捧環。下圓座，正面斂手。座下皆湧起波紋。兩神

梁氏所錄"漢周仲鏡"

---

①　此鏡直徑約合208毫米。

②　此鏡重約合1339克。

之旁，各有蠏足横出，左右各六爪二跪，神裂蠏腹爲座具，不知取義云何，鑄畫之奇往往出人意表。此乍見尤覺不倫不典，而要之當時必有所自，未必便羌無故實也。紐大可徑寸，其外有圓，薦有環點若流星若貫珠者，工巧精妙，鏤鑄雙絕。以質色言，似不及漢器之古藻，而文緻過之。位置南北六代間似覺於義較安。倘其旁加正書爲識，且竟可以爲唐摹矣。今"騶氏鏡"旣據新莽王氏所鑄銘定爲漢器，則此之名異而詞同者不得不以類相從，尚不致以參差牴牾貽博雅君子譏笑也。銘凡三十有九字，篆書亦於漢近於唐遠，卽點畫配搭間見之矣。曰"周仲作竟四夷服，多賀國家人民息，胡虜殄滅天下復，風雨時節五穀熟，長保二親得天力，吳朝陽里"。末四字意鑄者所居地也。予於所藏六朝龍氏鏡，初誤以爲"吳下"旣又疑爲"矣""今"兩虛字連用，得此"吳"字點畫証之，乃知所誤止一"下"字而已，詳見後龍氏鏡説。

-图 考-

东汉"周仲作竟"铭人物车马画像镜

根据梁氏著录及附图，此镜确为汉镜，笔者曾见一面"周仲"铭镜，可兹比较。该镜直径246毫米，重2105克。大圆钮，圆钮座，钮座外一周连珠纹。其外为主体纹饰区，以四个乳钉间隔四部分画面，镜钮上方饰六马驾一华丽的车，剩余三部分饰人物故事纹，左侧饰一男子在侍从簇拥下前行，右侧饰一女子坐于席上，两侧仕女环侍，下方饰一女子长袖翩然正在音乐的伴奏下舞蹈。由于没有榜题，我们无法弄清人物具体的身份与故事情节。其外为铭文带，内容为"周仲作竟四夷服，多贺国家人民息，胡虏殄灭天下复，风雨时节五谷熟。长保二亲得天力，传告后世乐无极兮"[①]。梁氏所著录之镜与此镜纹饰不全同，但铸镜者均为周仲，应是同一作坊所做，时代也一致。梁氏所云"两神之旁，各有蟹足横出，左右各六爪二跪，神裂蟹腹为座具，不知取义云何"中，所谓"蟹足"从附图中可知，实际上是主神两侧拱手跪坐的羽人。

---

① 浙江省博物馆:《古镜今照:中国铜镜研究会成员藏镜精粹》(上册)，文物出版社，2012年，第306、307页。

8　漢青盖鏡　有銘

　　徑四寸^①，重十有二兩九銖強^②。邊寸有一分，内外二圍皆犬牙，中夾一圍，週作人字形。凹下可分許，密界竪畫。又二圍夾銘其中。三龍凸起，紐在内圍之内。銘凡四十有二字，篆書曰：“青盖作竟四夷服，多賀國家人民息，胡虜殄滅天下復，風雨時節五穀熟，長保二親得天力，傳告後世樂無極。”素紐。“青盖”人名，當時鑄工之

梁氏所録“漢青盖鏡”

---

①　此镜直径约合128毫米。
②　此镜重约456克。

至巧者，能採鍊精銅爲之，故其所製往往流傳於後。宣和撰《博古圖》時已收之，銘有合四字爲一方格者，據其形制，乃與《西清古鑑》所收"青盖"二器不類。古鑑之第一器，徑三寸五分，作四神形花邊，素鼻。銘云"青盖作竟自有紀，辟祛不祥宜吉市，長保二親我孫子，爲吏高官壽命久"范式亦與此不類，而反與《博古圖》録内彙列十二辰鑑中之第一器合。第二器，徑四寸七分，其所鑄三蟠龍形與此同，而素邊與此異，銘如尚方第二鑑而缺其七字，就中亦有數字少異者云"青盖作竟大□□〔二字洳以他鏡考之當爲無傷二字〕，巧工刻之成文章，左龍右虎辟不祥，朱鳥元武日陰陽，子孫備具居中央分"。此凡皆青盖鏡之不同者也。今器與驥氏鏡銘詞全同，篆法亦頗相類，兩器並以"分"字作楔尤爲格式相倣之明証，但不知孰爲先後耳。

-图 考-

汉 "张氏" 铭龙虎镜

　　根据梁氏著录及附图，此镜确为汉镜。淮南市博物馆藏有一面"张氏"铭龙虎镜，与之类似，可兹比较。该镜直径148厘米，重812克。圆钮，圆钮座。钮座外饰龙虎对峙纹饰，龙与虎皆张口作咆哮状，身体卷曲，毛发飘扬。龙虎尾部间饰两人，呈相对跪坐对拜状。纹饰区外为两周弦纹夹铭文带。铭文内容为："张氏作竟四夷服，多贺君众人民息，胡虏殄灭天下复，风雨时节五谷熟。长保二亲子孙力。"镜缘处由内向外饰锯齿纹、双波折纹、锯齿纹各一周①。两镜非常类似，主要区别是作镜师不同。

---

　　① 　淮南市博物馆：《淮南市博物馆藏镜》，文物出版社，2011年，第166、167页。

9 漢青盖二龍鏡 有銘^①

徑三寸四分^②，重十七兩一銖^③。邊圍三分，殺而下，週列龍、鳳、雀、鼠、猴、蛇、羊、虎者八，乍見以為十二屬，然就中有魚形，不知其用意矣。深下二分，週作直畫。再入一圍，銘周其內，凡三十有五字，篆書曰"青蓋作鏡四夷服，多賀國家人已息。胡虜殄滅天下服，風雨時節五穀熟。長保二親得天力"。大段與青蓋鏡同，而無末

梁氏所录"漢青盖二龍鏡"

---

① 此镜《续修四库全书》版无，今据徐乃昌、徐行可版补入。

② 此镜直径约合108.8毫米。

③ 此镜重约合627克。

七字，起語首以一小珠離之。前鏡及騶氏、周仲兩鏡並云"多賀國家人民息"，惟王氏鏡"國家"作"新家"耳。今此鏡亦稱"國家"，而"人民"作"人已"，意更深細。按莽天鳳五、六年，匈奴大寇邊，至募罪囚為銳卒，募無舟渡水軍士服藥，不飯能飛千里，諸奇技擊之。又莽初建國，策命羣司皆如典誥文，更"大司農"為"義和"為"納言"，"大理"為"作士"，"太常"為"秩宗"，下至守令皆改用古稱。蓋羽翼已成之時，恃臣下誠服將以代漢，故王氏鏡不云"胡虜珍滅"而言"百采服"，言官位普照也。其曰"天下復"者，則別取賜復之義。身篡大位，慮民思漢舊德，心懷反側，謂將以正供，復還百姓籍，愚黔首使引領以待而不計府庫之空匱也。此鏡作"天下服"，與首語韻重而不嫌者，知其專在收拾人心，故不敢大肆誕詞，且目繫天下盜賊蠭起人情洶洶，莽又數殺諸子，太子臨謀為變，以此決其子孫，終不克傳後。故不云子孫力，且刪除傳告後世語也。"青蓋"當亦莽之黨或受莽命作此，而中更寓微詞也。

－图 考－

东汉"青盖"铭龙虎镜

　　根据梁氏著录及附图，此镜确为汉镜。浙江永康县曾出土一面类似铜镜，可兹比较。该镜直径134毫米。大圆钮，无钮座，内区龙虎绕钮对峙，其外为铭文带，内容为"青盖作竟四夷服，多贺国家人民息，胡虏殄灭天下复，风雨时节五谷熟。长保二亲得天力"。铭文带外为一周短直线纹，镜缘饰一周变形瑞兽纹①，瑞兽中有鱼纹、九尾狐等，与梁氏著录之镜几乎一致。

---

① 王士伦、王牧：《浙江出土铜镜（修订本）》，文物出版社，2006年，编号第94。

10　漢長毋相忘鏡　有銘

　　徑二寸五分^①，重二兩一銖^②。邊圍寬二分稍凹，二圍中夾流雲形者凡八，銘卽間於二雲相隔之中，亦凡八字，篆書曰："見日之光，長毋相忘。"雲字排夾勻正設，字體用古，雲書則藻交綺合，映帶無復可辨，益覺奇觀矣。其內作陽文如半月形者亦凡八，紐在最末一圍中，其外則四方各有橫長畫雙鈎若口字而稍扁然者，四隅仍間以流雲，表裏完密，字畫精工，漢物之小而可貴者也。此原二器同一模鑄，而手澤並光滑雖背質亦若可鑒。先子常攜之行篋者，裁宋錦連環囊并貯之，外更覆以螺鈿合璧漆匣，裝璜雅緻。自閩歸，經十八灘，舟壞，他物盡失，惟此獨存。髣髴如子固蘭亭故題詠

梁氏所录"漢長毋相忘鏡"

---

① 　此镜直径约合80毫米。

② 　此镜重约合75克。

時^①。及之予極承房師^②耒陽^③謝東平先生教迪，庚子方得選澄海，而先生已卸縣事旋楚，維舟珠江，來越華池館話別，師弟臨歧依依，因撿篋取彼鏡獻之，海上琴絃雲山阻隔，每摩挲此鏡，不禁感嘆而興也。

-图考-

西汉"见日之光"铭镜

　　根据梁氏著录及附图，此镜确为汉镜。陕西历史博物馆藏有一面类似铜镜，可兹比较。该镜直径72毫米，重56克。镜圆形，圆钮，圆钮座，钮座外以四道弧线与四个菱形"田"字间隔饰一周，其外饰内向八连弧。连弧纹外饰两周短斜线纹，中夹铭文带，铭文内容为"见日之光，长毋相忘"，每字间以卷云纹及菱形方格纹相间隔。素镜缘^④。

---

　　① 此处用典故，子固，赵孟坚的字。赵孟坚，南宋书画家、收藏家，字子固，自号彝斋，宋宗室子。酷嗜古法书名画，能作墨花，以水仙见长。典故最早见南宋周密《齐东野语》记载，赵子固得到一定武旧拓本，"喜甚，乘舟夜泛而归，至霅之昇山，风作舟覆，幸值支港，行李衣衾，皆溌溺无余。子固方被湿衣立浅水中，手持《禊帖》，示人曰：《兰亭》在此，余不足介意也。'"并在卷首题"性命可轻，至宝是保"。

　　② 房师，明清时期科举考试中，考生对乡试、会试中分房阅卷官的尊称。

　　③ 耒阳，今湖南耒阳市，清代为耒阳县，隶衡州府。

　　④ 陕西历史博物馆：《千秋金鉴：陕西历史博物馆历代铜镜集成》，三秦出版社，2012年，第107页。

11　漢爲善最樂鏡　有銘

　　徑二寸六分①，重六兩九銖②。沿邊如仰竹形，質並純素。圓紐，手觸處畧露本色一小點，則圓而稍銳者。唐鏡每貫金條於紐，紐正中光圓與此畧相似，然此實銳處摩平耳。漢鑄尚無貫金法也。銘凡四字，隸書曰"爲善最樂"，"爲"上"善"下"最"左"樂"右，讀如今制錢文。結體極圓湛可味，挑撥處大致頗似《曹景完碑》③，又惟"華山原石"④有其縝密。而舉全銘擬之，則與延光四年"耿氏鐙"最相類。不知誰書，或疑其時以隸通行，雖工藝者流，下筆亦時有士大夫意，然未必其工妙一至於此，是必別有揮毫者授以成范也。四字見《後漢書》東平憲王蒼傳，永平十一年，蒼與諸王朝京師，帝問處家何等最樂？王言爲善最樂。據此，則鑄者非東漢人，且此器出孝明帝十一年後矣。考東漢諸王蒼賢最著，時蒼還國，帝臨送，還宮遣使以其事手詔國中，且謂王此言甚大副是腰腹［傳稱王腰帶十圍，故有是語］云云，當時人盖習聞之，遂以著之金石，既佩其言，又重以帝所稱賞。所鑄良有深意，非偶然也。背平處稍有積綠，而面光透發。楊萬里詩所謂"老青交幼綠，暗錦出明光"⑤者，此足當之無怍矣。

---

　　①　此镜直径约合83毫米。

　　②　此镜重约合235克。

　　③　《曹景完碑》即《曹全碑》，全称《汉郃阳令曹全碑》，因曹全字景完，所以又名《曹景完碑》。《曹全碑》系东汉王敞等人为郃阳令曹全纪功颂德而立。此碑立于东汉灵帝中平二年（185）十月。全碑共1165字。碑高253、横宽123厘米。此碑于明万历初在郃阳（今陕西合阳）莘里村出土，现保存于西安碑林博物馆。

　　④　华山原石即《西岳华山庙碑》。《西岳华山庙碑》刊刻于东汉延熹八年（165），又称"华山庙碑""华山碑"等。属隶书书法作品，原石已毁，现有重刻碑存于陕西华山西岳庙灵官殿。内容上叙述修庙、祭祀山神原因以及汉代诸帝要求依时节祭祀山川之神的意义等。书法上，其用笔方圆兼备，结体方整匀称，章法整肃庄重，备受历代书家推崇。

　　⑤　此句诗出杨万里《发杨港渡入交石夹四首》（其一），颔联。但今见原诗颔联为"老青交幼绿，暗锦出明花"有一字之差，考其诗意，"明花"似乎更妥帖。梁氏著录中作"明光"，不知所本为何。

梁氏所录"漢爲善最樂鏡"

- 图 考 -

明"为善最乐"镜

　　根据梁氏著录及附图，此镜不是汉镜，而是明代镜。1988年广东东莞明代罗亨信墓出土一面，可兹比较。该镜直径85毫米。镜圆形，银锭形钮，镜钮右侧书"为善"，左侧书"最乐"。梁氏所著镜，此四字在镜钮上下左右各一字。根据近年的考古发现，此类镜以明代多见[①]。梁氏根据其典故来源于《后汉书》定为汉代，虽然时代有误，但对于我们理解其背后典故仍有指导价值。

---

　　① 呼啸：《隋至清中国纪年铜镜图典》，陕西人民教育出版社，2017年，第331页。

12　漢吉壽鏡　有銘

　　徑二寸八分①，重六两二銖②。邊純素，斜下四分强，微凹，週界斜畫一圍。中爲獅、爲鼠，左爲鹿、爲蛇、爲魚、爲相抱蚯蚓、又爲小蟲纖介、爲蝌蚪之属，一蓮座，神立其上，下二瓜蔓带葉垂藤於其右，小者爲茄，大者爲苦瓜，象物至繁瑣而位置分明，錯綜不紊，尤其細者僅如蚊睫，乍見但覺羣黠周遭橫斜不辨何物，細審則一一畢肖。棘端之猴，非三日齊沐不可得見，盖就日中睨而別之，悉數已移晷矣。銘二字，篆書曰"吉壽"，夾於獅尾蛇首之間。壽从𠃔，凡鐘鼎欵識皆作𠃔。《説文》"祷"字云或省作禂，與此正合。紐畧方，中作'十'字形陰文，此亦透光之器，然須助以卓午日力，乃可令寸黍不遺也。

梁氏所录"漢吉壽鏡"

---

　①　此镜直径约合90毫米。

　②　此镜重约合224克。

-图 考-

　　根据梁氏著录及附图，此镜初看似为东汉多见的青盖龙虎镜。但梁氏此镜，纹饰复杂，汉镜确有纹饰中有狮、鹿、蛇、鱼等动物的，但此镜同时还有莲座和神人、垂藤瓜蔓之类，镜钮还是近方形。符合这些的应该不是汉镜，可能为晚期的仿汉镜。具体为何时之镜，笔者无法判断。但晚期仿镜往往纹饰较模糊，可能正是这样的原因，导致梁氏对纹饰与铭文内容产生了复杂而错误的释读。梁氏所释的"吉壽"很可能是"青盖"二字。

13 漢宜文章鏡　有銘[①]

　　徑八寸[②]，重十有八兩[③]。邊圍五分純素，又二圍中密交斜畫。飾在三圍內，篆書云："炼冶銅華清而明，以之為鏡而宜文章。□延年益壽去不祥，與天無極而日月之光，毋相忘。"凡三十有五字。又一圍，內夾斜畫，其內作菱花形凡八瓣，頂及中並有三直文界之。復一素圍，而後加橫畫小圍，紐圍外則分作四格，格有凸出三珠，亦銀錠紐。此與日出諸鏡大同小異。

梁氏所录"漢宜文章鏡"

---

① 此镜《续修四库全书》版无，今据徐乃昌、徐行可版补入。

② 此镜直径约合256毫米。

③ 此镜重约合662.4克。

图 考

汉 "炼冶铜华" 铭连弧纹镜

　　根据梁氏著录及附图，此镜确为汉镜。清华大学艺术博物馆藏有一面类似铜镜，可兹比较。该镜直径187毫米，重910克。圆钮，十二连珠纹钮座，钮座外为一周圆形宽带。宽带为内向八连弧。连弧外为两周直线纹中夹一周铭文带。铭文为："炼冶铜华清而明，以之为镜而宜文章。延年益寿辟不羊，与天无极如日光，千秋万岁，长乐未央，长毋相忘。"[1]

---

① 王纲怀：《汉镜铭文书法》，中西书局，2016年，第147页。

14　漢延年益壽鏡　有銘

　　徑四寸二分[1]，重五兩六銖[2]。素邊四分弱。微凹，環以豎畫二圍，銘夾其中，復環以斜畫。週排眉月凡八，月內各綴花文，一圍中花瓣四，各以葉補其空。紐圓銳，久而平矣。銘凡二十有五字，篆書曰"鍊冶銅華清明，以之爲延年益壽而去不祥，與天毋而日月之光"。字體與"日光鏡"同，而文義不能接讀者，刪他銘而爲之也。按漢鏡有銘云："鍊冶銅華清而明，以之爲鏡宜文章，延年益壽去不羊，與天毋極而日月光，千秋萬歲長未央。"其內層文卽"日光鏡"外層之所謂詞意不通者。近世王氏《金石萃

梁氏所录 "漢延年益壽鏡"

---

① 此镜直径约合134毫米。

② 此镜重约193克。

編》所載"長樂鏡","宜"上有"因"字，無末七字而別增長樂者。今此鏡銘實從是而出，節其數字，遂至多不可句讀耳。《萃編》用建初慮俿尺，故徑較寬，其實同時製也。背質湛然粹精，面之透光處一邊與背文合，其一邊則照出忽作圓長巨光。因之字，亦有一二不甚明著者，然"大用外腓，真體内充"。非有纖瑕爲累，不過鑄者欲於此稍留異跡而已。

-图考-

西汉"涑冶铜华"铭连弧镜

　　根据梁氏著录及附图，此镜确为汉镜。宝鸡青铜器博物院藏有一面类似铜镜，可兹比较。该镜直径146毫米，重404克。圆钮，连珠纹钮座，钮座外饰短斜线纹及宽带纹各一周。其外为内向八连弧。连弧纹外，两周短斜线纹中夹铭文带，铭文内容为："涑冶铜华清而明，以之为镜宜文章，延年益寿去不羊（祥），与天毋极如日光，长乐未曰"。宽平素镜缘[1]。梁氏著录此镜时，未描述完整，对于镜背纹饰、镜钮形制均未涉及。但从铭文情况及镜面尺寸看，应是以类似镜为蓝本，根据镜面尺寸减省铭文后制作的。

―――――――――

　　① 宝鸡青铜器博物馆：《对镜贴花黄——宝鸡青铜器博物院典藏铜镜精粹》，三秦出版社，2014年，第48页。

藤花亭鏡譜 卷二

15 漢日出鏡 有銘

　　徑四寸二分[①]，重十有一兩[②]。邊純素，平可五分[③]。凹下，週作斜畫，二圍中夾銘文，復作新月形凡八，聯合處內以"丁"字文，中以三斜畫貫之。紐素而圓平，外環以貫珠凡十有二，其新月形製與所收漢延年盜壽鏡頗同。銘凡二十有六字，篆書曰："內而青而以皆比而光而坐光而日出月亡而心忘而日亡而不□（此字作巨，不可識）。"其中畧糸以梵書意，鑄時當在明帝求書天竺時。釋氏文字入中國後，民間一時喜新好異，摹擬其點畫，故不能盡識，僅可意為會通，且文義毫無端緒。殆從他鏡銘之文繁語多者，隨意節取之。而處處加入一"而"字為之儷補，則愈不可讀矣。初以"而"

梁氏所录"漢日出鏡"

---

①　该镜直径约合134.4毫米。

②　该镜重约404.8克。

③　素镜缘，宽16毫米。

为"天"既撿延年益壽鏡校之，"而"自作"而"，"天"別作"天"，然後有所據以為
定。然延年一鏡雖亦經刪割難通，幸其中尚留一二原銘成語，如"錬治銅華而去不羊"
之類，猶得籍以考所從出。此則竟不知出漢何鏡，其由來難以臆測，今第卽其銘中二
字可連讀者名之。

-图 考-

汉 "昭明" 连弧镜

　　根据梁氏著录及附图，此镜确为汉镜。通过对比，此镜与2000年山东济南花山墓
地西汉墓中出土"昭明"连弧镜非常相似[1]。该镜直径133.8毫米，重367.5克。铭文为：
"内清以昭明，光象夫日月，心忽忠然不泄。"每字间以"而"字间隔。此类铜镜广泛
流行于西汉中晚期墓葬中，铸镜者通常根据镜面大小对铭文进行缩减，以"而"字间
隔，部分会出现铭文句读不通的情况。梁氏著录中"外环以贯珠凡十有二"指的就是
此镜钮外的十二连珠纹。此类铜镜的铭文为隶书，并非梁氏认为的篆书，由于文字要
铸出，因此雕刻磨具时字体波折锋锐，部分笔画也有变化，与碑帖所见汉隶有一定区
别，梁氏因此认为其笔画有"梵书意"，并据此认为该镜时代为东汉明帝之后，这反映
了当时的学术局限。

---

　　① 山东省文物考古研究所：《鉴耀齐鲁：山东省文物考古研究所出土铜镜研究》，文物出版社，
2009年，第291页，编号157-1，书中原定名为"昭明连弧铭带镜"。

16 漢尚方十子九孫鏡　有銘^①

徑六寸四分^②，重四十九兩一銖^③。沿邊一圍，內週作雲龍。再圍為犬牙，又環周直紋。而後至篆銘曰"尚方作鏡自有真，良時日吉大富貴。十子九孫各有喜，　至三公中常侍^④。上有西王母東王父，仙人子喬大田子"。凡四十又二字。"富貴"二字合一侍人

梁氏所录"漢尚方十子九孫鏡"

---

① 此镜《续修四库全书》版无，今据徐乃昌、徐行可版补入。

② 该镜直径约合204.8毫米。

③ 该镜重约1804.7克。

④ 此镜镜铭主体以七言为主，"至三公中常侍"一句只有六言，细审附图，"至"前有一空，似脱一"位"字，完整当为"位至三公中常侍"。

已泐，"仙人"作"山人"，從省也。內一圍有東王公西王母二像上下對列，皆有侍從，亦各有題字。左右則鹿、猴、龍、蛇之屬，四梅花間之。然後一圍至紐，小星匝而環之，蓋尚方物也。

-图 考-

根据梁氏著录及附图，此镜为汉镜的可能性较大，属于东汉中晚期多见的东王公西王母画像镜。此镜直径较大，重量极重，非常罕见。但梁氏附图并非拓片，而是摹绘，特别是铭文，摹写略有失真。

17　漢小日出鏡　有銘

　　徑三寸四分①，重九兩強②。邊圍純素，平可三分強。凹下，週作斜畫。二圍中夾銘文，再環以斜畫，分作眉月凡八，聯合處其內各有一指甲形，下接三直畫，四單直者亦四而分間之。又一圍，內三畫斜間者亦八。紐圓有薦，其銳則以手觸漸平也。銘凡二十有二字，曰"內而清而以公而明光而坐天而日出月明心思不□（此字作目，不可識）"，與所收漢日出鏡之徑四寸二分者全合。惟此以圍促，故中缺第二十字下之"日

梁氏所录 "漢小日出鏡"

---

① 該鏡直徑約合 108.8 毫米。

② 該鏡重約 331.2 克。

亡而"三字，第七八字則彼此相倒。又"清"字彼不從"水"，公作"皆明"作"比天"作"光明"作"亡思"作"忘其"不同如此。然其點畫疑似之間彼此各少有交連伸縮，又加以歲久泐蝕，則果否異而原同，固不能一一為之細晰。且全無文義可尋，亦無從辨之也。至其讀法左旋則無可疑者。今姑就其紐中所穿二孔，定出器之上下，於圍轉難讀中強從內字為起首而已。

- 图 考 -

汉 "昭明" 连弧镜

　　根据梁氏著录及附图，此镜确为汉镜。通过对比，此镜与1957年河南洛阳市铁路站线西汉墓M128中出土"昭明"连弧镜非常相似，该镜直径103毫米，重236克。铭文内容为"内清以昭明，光象夫日月不泄"。每字间以"而"字间隔①。梁氏著录中"联合处其内各有一指甲形，下接三直画，四单直者亦四而分间之"指的正是圆钮座外与八连弧间的等分间隔的"山""⊥"两种纹样。

----

　　①　霍宏伟、史家珍主编：《洛镜铜华：洛阳铜镜发现与研究》（上），科学出版社，2013年，第106页。

18　漢日月小鏡　有銘

　　徑三寸三分①，重五兩強②。邊純素，可四分弱③。凹不及分。二圍銘夾其中，而後密界斜畫環之。又以八眉月聯接，間作"丁"字形者週綴，內圍復環以斜畫。紐底有薦，手摩圓銳。光注一點極新滑。考唐鏡中有邊高於紐，斷不能摩觸紐背。而圓點若新且金色燦然者，則鏤金所飾，製與此異。銘凡二十有三字，篆書曰"內而清而以而皆而明而光而□（此字不可識）而兑而日而月而□（此字不可識，疑为麗之省）而泹"，此亦從他鏡之全銘者節而省之，遂致不可以句讀分。與所收漢日出鏡之徑四寸二分者同病。彼以圍寬，故節去之字較少。又與所收漢小日出鏡之徑三寸四分者全同，其中止一二字互有增減，而字畫模范復各有明晦。如第七字，彼可作"公"讀，此則宛似"皆"字。第十三字，彼似"坐"字，此則形略相似而細審實別為一字。第十五字，彼為"天"，此則似"兑"。第二十一字，彼為"明"，此則上有橫畫，疑為"麗"。末字，彼不從水，畧見參差（説見漢小日出鏡）。今亦姑以紐孔上指處由左旋讀下，仍與小日出鏡同，一無聊之極思耳。此鏡透光，字畫盡清徹。凡古鏡，就日照之，其背文一一透露者最為奇異可寶，或以為鑄器之年、月、日、時與鑄者之生命巧相符合，偶就其時鑄之可得其一。倘人易其時，時易其人，均不能也。是說蓋通於歐冶之劍，不得謂竟無其理。或以為出於古工鍊藥製銅之所為，然所見透光者往往多漢魏六朝器，試思，宇內安所得持千餘年不復耗散之藥物？且事果有之，則法宜傳後，何以近百十年來之新鑄無所謂通背者？況背文必照日乃見，則土氣所不能侵蝕可知，設果藥能固銅，是卽百鍊金液之一証，寶貴無踰此矣。《宣和圖》總説有製作之工炒，或中虛而謂之夾鏡之説，然考《圖》所載，固無所謂"夾鏡"者，後人因其語，遂以透光一類當之。疑面薄逾紙其內別作文飾，絲毫與背文相肖，使見從隔面易以透出。果爾，則其器必厚，且必有臃腫意象。今所見，有面背相去薄不及分，而背文已凸起於外者，萬無複作背式夾入其中理，此中微妙難明，不得不歸諸神異矣。然辨此種鏡，實別有一種浮光隱

---

①　该镜直径约合105.6毫米。

②　该镜重约184克。

③　素镜缘，宽12.8毫米。

梁氏所录"漢日月小鏡"

隱流露，可意會不可言傳者，摩挲久自能知而信之，不必借烘日力，卽陰雨燈燭中亦可拔十得五也，是全繫乎閱歷之目耳。

- 图 考 -

　　正如梁氏著录所言，此镜与上一面"汉小日出镜"非常相似，此处举蚌埠市博物馆所藏"昭明"连弧镜作为对比。该镜直径103毫米，重218克。铭文内容为"内清质以昭明，象夫日月"，每两字间以"而"字间隔[①]。梁氏著录中的这面铜镜为透光镜。所谓透光镜是古人观察到铜镜在反射阳光时，会将镜背的纹饰投影到墙面上的一种特殊现象。梁氏从当时所能掌握的文献上分析了几种可能性，第一种是特殊的铸镜时间导致，第二种是铸镜时添加了特殊的镜药成分导致，最后一种是镜中有夹层的假说。

---

　　① 蚌埠市博物馆：《蚌埠市博物馆铜镜集萃》，文物出版社，2014年，第24页。

汉"昭明"连弧镜

梁氏认为三种可能性均不大，对其原理无法解释，最终只得发出了"此中微妙难明，不得不归诸神异矣"的感叹。对于透光镜的原理，直到20世纪80年代才经过科学研究证明。

19 漢日月之光鏡　有銘

　　徑二寸五分[①]，重二兩五銖[②]。邊圍可三分強。凹下不及分，週以斜畫。二圍，銘夾其中。復以斜畫環之再一圍。則八斜畫貫於紐外小圍。紐亦稍摩，勢欲平矣。銘凡十有七字，篆書曰"一內而□而以古日光明中天明日月之光"，所不識者一字，文理殊不了了，先以紐按，分器之上下位，從左讀轉，故起於"一"耳，非有句讀可循也，是亦從他銘省節之。餘圍段愈促，則省節愈多。然一徑省節，卽不復能上口正，無論所

梁氏所録"漢日月之光鏡"

---

①　該鏡直徑約合80毫米。

②　該鏡重約81.3克。

删之多寡也。器楖小而光倍透露，每於窗隙花罅漏光一點，射入几案間，便可規圓其影於半壁。以此益惜其文義之嗟，如箝在口矣。

-图 考-

汉 "昭明" 镜

　　根据梁氏著录及附图，此镜确为汉镜。通过对比，此镜与宝鸡青铜器博物院所藏汉 "昭明" 镜非常类似。该镜直径78毫米，重94克。铭文内容为 "内而清而以昭而明光而象夫日月而心忽"[①]。与前述几面 "昭明" 镜不同的是，这面镜没有连弧纹。梁氏著录中的 "週以斜畫" 即镜中铭文带内外两侧的纹饰，现代铜镜著录中惯称 "栉纹" "栉齿纹" 或 "短斜线纹"。

---

　　① 宝鸡青铜器博物馆：《对镜贴花黄——宝鸡青铜器博物院典藏铜镜精粹》，三秦出版社，2014年，第50页，编号19，书中原定名 "汉内清镜"，此类铭文通常统称为 "昭明" 镜。

20 漢雙鸞鏡　有銘

　　徑三寸①，柄已斷折不完，存者僅二寸許②。重尚三兩八銖③。柄缺其末，不悉形狀云何，上則束細而圓長，絕與《考古圖》所載漢武時之舞鏡④，儀徵阮相國考定為銅和者，形製一面大段相似。沿邊一圍，其內純素。又一圍，中見雙鸞展翼翯翔，一上一下，翅尾間文縷工緻，而祥瑞和諧之意溢於范鑄之外。空地處處補以細碎花卉儭託，更具巧思。銘在柄上，篆書，所存惟六字。既折，長度無可證，因無以悉其全。銘其單行，結體之字形欵式頗如"甘泉內者鐙"⑤"車宮承燭槃"⑥"漢羊子造戈""南郡銅虎符"之屬，而書較古錯。庾肩吾⑦所謂"蛟腳旁低，鵠頭仰立"⑧者，意或近是故。就中亦止第六一之字可辨耳。底面遍作羽翠瓜綠，蓋緣質薄易入，通體透蝕而本質則不可損。故文畫雖細密，未嘗少有所傷，是百鍊之精久瘞土中者之顯據也。

---

① 该镜直径约合96毫米。

② 该镜镜柄残长约合64毫米。

③ 该镜重约122.7克。

④ （宋）吕大临：《考古图》卷九，"舞镜"条，《考古图（外五种）》，上海书店出版社，2016年，第157页。

⑤ （宋）吕大临：《考古图》卷九，"甘泉内者镫"条，《考古图（外五种）》，上海书店出版社，2016年，第128页。

⑥ （宋）吕大临：《考古图》卷十，"车宫承烛盘"条，《考古图（外五种）》，上海书店出版社，2016年，第128页。

⑦ 庾肩吾（487～551），字子慎，原籍南阳新野（今属河南）人，世居江陵。南朝梁代文学家、书法理论家，《梁书》《南史》有传。初为晋安王国常侍，历仕太子中庶子、进度支尚书、江州刺史等职，封武康县侯。庾肩吾所著《书品》，载汉至齐梁能书者123人，冠以总序，效《汉书·古今人表》之例，分上中下品，每品中又分上中下，合而为九品，各系以论，体例严谨，是重要的书法史论著作。

⑧ 此句出自庾肩吾《书品》序，今作"蛟脚傍低，鹄头仰立"，此处梁氏引为"蛟脚旁低"似误，只是不知是梁氏所见《书品》版本之误抑或《藤花亭镜谱》刊刻之误。

梁氏所录"漢雙鷿鏡"

- 图 考 -

　　根据梁氏著录及附图，此镜并非汉镜，而是宋镜。通过对比，此镜与三镜堂所藏宋双凤纹带柄镜非常相似。此镜直径100毫米，重160克，柄长85毫米[①]。古代世界各地，从铜镜的持拿方式可以大体分为以埃及、两河流域及中亚为代表的持拿柄部的具柄镜体系和以中国为代表的通过镜钮穿系持拿的具钮镜体系。在中国铜镜的发展历史上，具钮镜始终是主流，具柄镜则出现得较晚，虽然目前从陶俑和图像看，唐代已经有零星出现，但真正流行则是在宋代。因此，梁氏收录这一面铜镜并非汉镜，从其描述的纹饰和镜形看，是典型的宋镜。梁氏断代的标准主要是依据残断镜柄上的类似篆书的文字，但这些文字已经磨损，无法辨识，作为断代标准并不可靠，而且从考古发

---

　　① 深圳市文物管理办公室、深圳博物馆、深圳市文物考古鉴定所：《镜涵春秋：青峰泉、三镜堂藏中国古代铜镜》，文物出版社，2012年，第341页。

宋双凤纹带柄镜

现看，宋代也常将铸镜商铺名号铸在镜柄上，比如辽宁省博物馆存有一面"宋双凤纹具柄湖州镜"，与三镜堂所藏双凤镜非常相似，不同之处主要有二：一是镜作菱花形不做圆形，二是镜柄上铸有"湖州石家造"铭文[①]。

---

① 辽宁省博物馆：《净月澄华：辽宁省博物馆藏古代铜镜》，辽宁大学出版社，2013年，第272页。

21　漢景槐鏡　有銘識

　　徑寸有九分①，重二兩一銖②。邊三分強。凹不及分，皆純素無文。銘上下各一字，正書曰"景槐"。上一字"京"首不從"亠"而從"十"，末不從"小"而從"个"。下一字"木"作巨鈎從"木"，意其在"鄧車騎""鐘太傅"③之前，故正書結體尚無成式，而質色則與所見漢器無少差別。紐圓長，背較深黑。映日平視，則隱隱有五彩浮漾。或以其剽薄，疑卽《宣和博古圖》所稱"水浮"一種。然漢鑄別有至薄而徑圍極寬大

梁氏所录 "漢景槐鏡"

---

①　该镜直径约合60.8毫米。

②　该镜重约75.1克。

③　邓车骑可能是指邓芝（178~251），字伯苗。义阳郡新野县（今河南省新野县）人。东汉名将邓禹之后，三国时期蜀汉重臣，将领。延熙六年（243），迁车骑将军，后授假节。"钟太傅"指钟繇（151~230），字元常，豫州颍川郡长社县（今河南省长葛市）人。汉末至三国时期曹魏重臣，书法家。黄初七年（226），魏明帝曹叡即位，钟繇进爵为定陵侯，又迁为太傅。钟繇擅篆、隶、真、行、草多种书体，在书法方面颇有造诣，推动了楷书（小楷）的发展，对后世书法影响深远，后世尊为"楷书鼻祖"。

者，此则不过以小而形其薄，使宽厚相乘，便乖蜕脱义旨矣。或疑汉镜必隶铭，不知《宣和图》载"四神""宜官"两鑑其铭词卽用正书，可为此器出汉罏之旁証。

- 图 考 -

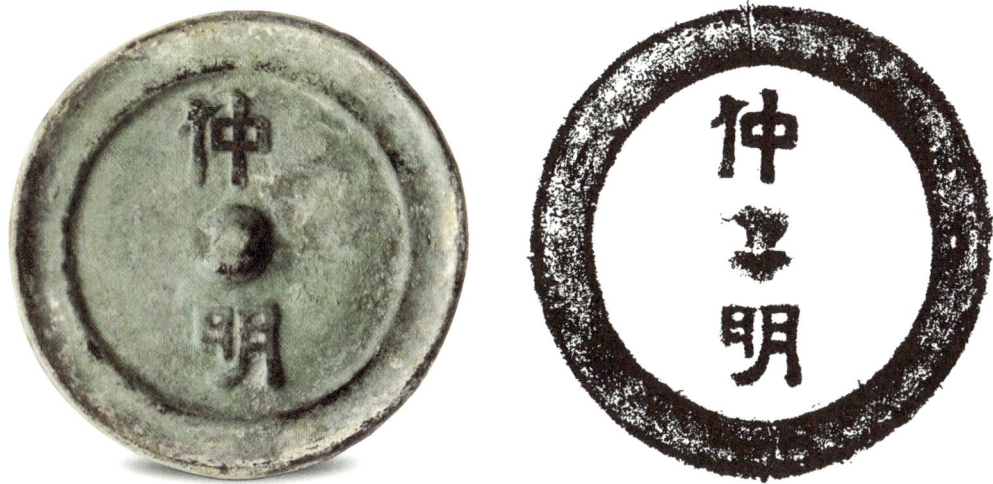

明"仲明"镜

　　根据梁氏著录及附图，此镜并非汉镜，而是明镜。通过对比，并未找到以"景槐"为铭的类似铜镜。梁氏著录的这面铜镜与蚌埠市博物馆收藏的"仲明"铭镜非常类似。该镜直径83毫米，重103克。镜背以一周凸弦纹分为内外两区，整体素平，内区镜钮上下各一字楷书铭文，上"仲"下"明"[①]。这种镜背纯素，镜钮上下各书一楷书铭文的铜镜是典型的明代风格，在各地博物馆中均有大量保存。梁氏从书体进行考证，认为其铭文虽为楷书，但又略有区别，因此定为楷书草创的东汉末年至三国时期，主要是没有经过考古学验证的文物断代体系可以进行对比所致。不过，梁氏也并非照搬经验毫不分析，他注意到了景槐镜"然汉铸别有至薄而径围极宽大者，此则不过以小而形其薄"，也对此有所疑虑，但是最终还是只能依靠铭文书体断代。

---

　　① 蚌埠市博物馆：《蚌埠市博物馆铜镜集萃》，文物出版社，2014年，第208页。

22　漢四神鏡　有銘[①]

　　徑三寸六分[②]，重十又二兩[③]。邊圍週作陰文如虬如夔，首尾具備。凹下一圍週夾陽文龍、鸞、禽、鼠、魚、龜諸形，或蜒蜷而行，或駢列相對。工緻迫莫可名狀。凸起二圍，界以直畫。在圍内形如半月者十有二，内作勾雲，外沿小星各七，合爲八十有四。兩月相離處，復各有四小星，合爲四十有八，凡百三十二星。再以十二方格與月

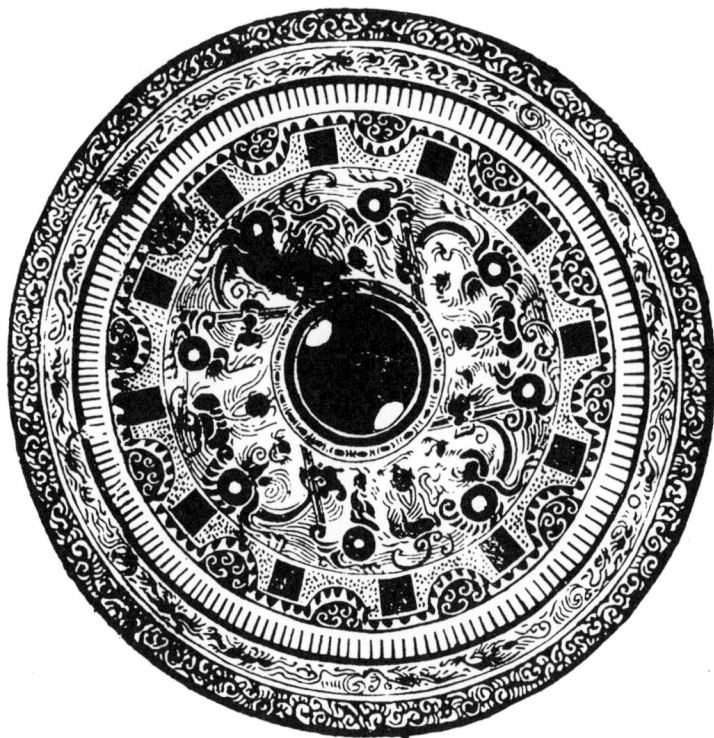

梁氏所录 "漢四神鏡"

---

①　此镜《续修四库全书》本与国图藏徐行可本文字内容完全不同，原因不明，今以国图藏徐行可本为准。

②　该镜直径约合115.2毫米。

③　该镜重约441克。

相間。格銘皆四字篆書右旋，讀之凡四十八字，曰："吾作明鏡，幽鍊三商，周刻冊祀，配象萬疆。自身康樂，萬福攸同，百清並友，福祿宜祥。富貴安寧，子孫蕃昌，增年益壽，與師命長。"字僅及分，細如絲髮，非熱十燭映烈日中不可讀。漢銘之纖巧無逾此者。入一圍，四正各一神，下者跌坐，兩神左右朝之，各有所騎。下一神，面右而坐，左有童子，右有龍，左右兩神盤腿坐。神旁有四狻猊啣書間之，其下又有四寶輪間之。隔一圍，複環以二十四星，而後及於紐薦。向見三國吳赤烏九年、永安二年、蕭梁太平元年三鏡頗似，而與漢元興元年、建安二十四年兩鏡則款製全同，但彼邊際並有字差異。《博古圖》有十四方格較此增八字者。古干將、若邪和五金於善鍊之中，鏡則以五金和於善銅之中，皆水土所不能蝕。所謂"鍊治銅華"蓋實經善工煅鍊，揀時選日，參合五行，冶之深山，借光星月，故鑄出可以鉤魂攝魄驅役神鬼千載不磨。若堆青積綠之器，精光已損，工雖良而鍊質迨不及矣。

- 图 考 -

东汉"天王日月"神人神兽镜

根据梁氏著录及附图，此镜确为汉镜，属于东汉时期流行的半圆方枚神兽镜。1982年河南洛阳金谷园出土一面类似铜镜，可兹比较。该镜直径143毫米。半圆钮，连珠纹圆钮座。钮座外一周为主体纹饰区，饰神人神兽纹四组，无榜题，根据人物形象判断，镜钮上下分别为东王公、西王母，镜钮左右则为不同的神兽。主体纹饰区外为一周相间排列的半圆与方枚。方枚内均铸铭文"天王日月"四字，半圆内则分饰不同动物。其外为一周短直线纹。镜缘处饰车马、神人、神兽等纹饰[1]。

又一镜

徑三寸九分[2]，重止六兩二銖[3]，以殘剝而輕也。款製相同而半月、方格皆減其一。背文及銘并剝落不可辨。土綠蝕甚，失鏡之用，不作淵淵聲矣。

— 图 考 —

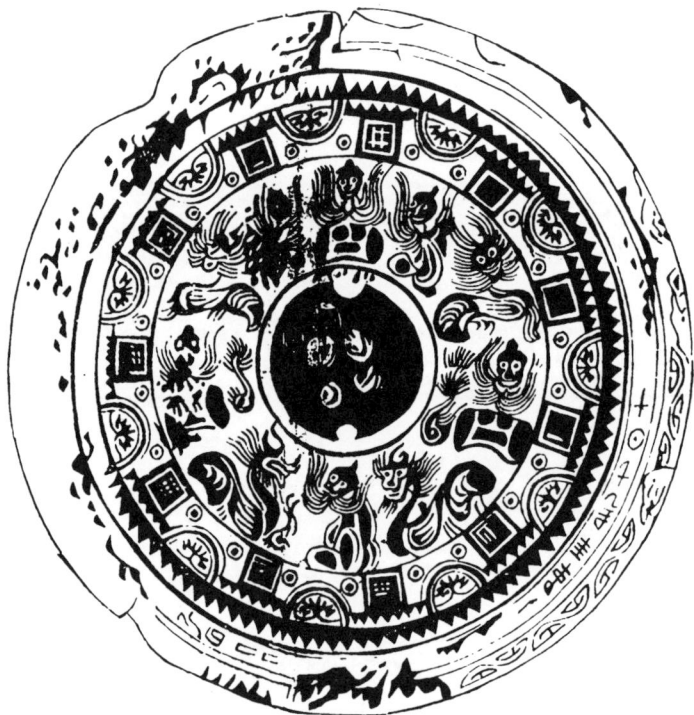

梁氏所录"漢四神鏡"又一镜

梁氏收录此镜图像明显为摹绘，由于原镜锈蚀过重，因此纹饰并铭文均模糊不堪。镜钮上似有刻铭。三国至六朝此类铜镜中偶见镜钮刻铭，个别刻铭还有错金银。

---

① 中国青铜器全集编辑委员会：《中国青铜器全集（16）·铜镜》，文物出版社，1998年，编号九一。

② 该镜直径约合124.8毫米。

③ 该镜重约224克。

23　漢六乳九肖鏡　有識銘[①]

　　徑四寸八分[②]，重二十兩[③]。邊疊雙圍，週作朵雲，兩旁對綴小珠。一圍敧牙，一圍斜畫而及銘。銘內一圍作六乳，薦以菱瓣。兩乳間各有龍、虎、鹿、羊、鼠、蛇、猴、兔之屬。其內圍以十二辰為識，而僅畫八肖，不知其義。又週綴小珠，環於紐外。篆銘凡三十有二字，曰"尚方作鏡真大巧，上有仙人不知老。渴飲玉泉飢食棗，少大毋傷，巧工琢之成文章"。內圍十二辰字，似嫌過疎，復摘銘語"渴飲玉泉飢食棗"七字

梁氏所录"漢六乳九肖鏡"

---

①　此镜《续修四库全书》版无，今据徐乃昌、徐行可版补入。

②　该镜直径约合153.6毫米。

③　该镜重约736克。

配之，亦篆體。漢銘以此者，多見於《博古圖錄》而互有詳略，蓋尚方製鏡所常用者，取延年益壽意，亦頌禱之詞也。

-图 考-

汉"尚方作竟"七乳神兽镜

　　根据梁氏著录及附图，此镜确为汉镜。笔者曾见一面类似铜镜，可兹比较。该镜直径188毫米，重918克。半球形钮，连珠纹圆钮座。钮座一周九乳钉间饰花蕾纹及"宜子孙"三字铭文，其外为一周忍冬纹带。其外为主体纹饰区，一周七乳钉间饰龙、虎、朱雀、玄武等神兽。主体纹饰区外为双弦纹夹铭文带，铭文内容为"尚方作竟真大好，上有仙人不知老。渴饮玉泉饥食枣，浮游天下敖四海，徘徊名山采神草，寿敝金石如国保"。铭文外为一周短斜线纹。镜缘饰一周锯齿纹及一周云气纹[①]。

---

　　① 浙江省博物馆：《古镜今照：中国铜镜研究会成员藏镜精粹》（上册），文物出版社，2012年，第210、211页。

24　晋王誠鏡　有識無銘

　　徑二寸六分①，重三兩九銖②。無邊圍。底質純素，薄止分許。紐正圓，識凡四字，正書曰"王誠所置"。不曰"造"而曰"置"與他鏡異。"王誠"不知是鑄者姓名抑用者之自記其器也。四字，"王"上"誠"右"所"左"置"下，是前二字爲左旋，後二字又爲右旋明矣。按四字分列四方，本類錢文。然錢文最古者，如唐之"開元通寶"，則"開"上"元"下"通"右"寶"左，分讀尚順。又如宋之"祥符""天聖"等錢，其"元寶"二字並左旋讀。"熙寧重寶"亦"重"下"寶"左讀從左，文未有分左右截讀者。又字本陽文，偏旁點畫不多，原易明晰。今書體稗弱，"置"字之首僅作橫"口"，而空其中之二畫，下"直"亦在不正不篆之間，與晋磚正書無鋒稜轉折勢，明出世俗陶工，而後人反以爲頑童體者絕相類。背質以純素，故色黯黝光淨，獨紐受手觸頗退落耳。以唐器再三較之，愈知非唐宋後鑄矣。

梁氏所録"晋王誠鏡"

---

①　該鏡直徑約合83.2毫米。

②　該鏡重約124.2克。

– 图 考 –

明"戊子年置"素镜

　　根据梁氏著录及附图，此镜并非汉镜，而是明镜。通过对比，并未找到以"王诚所置"为铭的类似铜镜。梁氏著录的这面铜镜与淮南市博物馆所藏明代"戊子年置"素镜风格近似。该镜直径95毫米，重138克。镜背纯素，镜钮上下右左各一字铭文，合为"戊子年置"①，圆钮，钮顶略平。铭文字体为楷书，但潦草随意，其中"置"字还略歪斜。此类素面铭文镜多见于明代，梁氏以铭文书体及铜质定为晋应是误读。西晋时期铜镜主要延续东汉至三国时期纹样，以龙虎镜、神人神兽镜等为主。镜铭用"置"，是购置之意，明代共有四个戊子年，分别是明成祖永乐六年（1408），明宪宗成化四年（1468），明世宗嘉靖八年（1528），明神宗万历十六年（1588），此镜不知具体是哪个戊子年所购置。

---

① 淮南市博物馆：《淮南市博物馆藏镜》，文物出版社，2011年，第280页。

25 六朝龍氏鏡 有銘識^①

　　徑七寸^②，重五十二兩五銖^③。沿邊一圍，斜下可分許，又五分，隨凹下。本週作花文，久遂光平如蝕，細審之，僅隱隱有微痕而已。其內復作犬牙，外向合以邊圍，可七分強，從凹處越入二分，兩圍中如覆竹，銘在其內，乳列於隔者，凡四蔫。以花瓣如海棠、如水仙者，左右各有正書一"宮"字夾四乳間。上為飛龍，下為車輛，一神坐車中，龍馬駕而行。有拱手迎於車前者，馬後有蛇，僅露身首，似與神象不屬，豈寓化龍意耶？右一神捲雲而坐，二小神立雲上作朝參狀，後有侍者。左面文畫悉與右符，惟神不坐雲上。旁三神則裙拖及地，所不同在此。又二圍中環連珠，越一分而及紐。銘凡三十有二字，篆書曰："龍氏作竟佳且好，明日月世少有，刻冶分守悉皆在，長保二親宜孫子，大吉羊矣分。"其中"好""皆"二字並作倒文，"有""刻""分""保""大"五字又參以隸體，末"矣""分"字則即其空而補之者。"矣"從"厶"從"天"，漢司正鼎有之，自來難釋。予同縣溫氏，亦世藏此鏡，青綠斑駁，字尚完好，"分"字蝕其首畫。予曾為考証，連上"矣"字作起語，以為"吳下龍氏"，已刻予《藤花亭散體字初集》。今得此，始知其誤。紀文達^④之所謂"十年以後取而閱之，貽然而悔者"，夫豈獨一鏡之考訂哉！嘗見何君方穀拓本，有此沿邊花紋尚在，神龍車馬亦并同，惟無兩"宮"字。方穀考定以為六朝之物。今以"宮"字按之，益知非漢器矣。"宮"者，尚方進御物也，以漢人為之，必明云"尚方"矣。今此鏡邊文已逐漸摩平，犬牙亦緣擦多致淺，決非唐以下物，而正書加識特唐人欵式之所由做耳。方穀又拓一器好，字縫有小孩跪捧二方格，格內各一字曰"曹鋪"，曹亦鑄者之

---

①　此镜《续修四库全书》版顺序与此不同，今以徐乃昌、徐行可版为准。

②　该镜直径约合224毫米。

③　该镜重约1921.3克。

④　纪文达，指纪昀（1724～1805），字晓岚，别字春帆，号石云，道号观弈道人、孤石老人，直隶河间府献县人（今属河北省沧州市献县），清代文学家、官员。清乾隆十九年（1754）考中进士，官至礼部尚书、协办大学士、太子少保。曾任《四库全书》总纂官。嘉庆十年（1805）病逝，时年八十二岁，谥号"文达"。

梁氏所录"六朝龍氏鏡"

姓,是則民間所市矣。又《隸續》有李氏鏡,銘云"李氏作鏡佳且好"[1]。洪氏以與《博古圖》尚方鏡大同,定為漢器。然李氏鏡止首語與此偶合,下別為七言,凡五句,詞格並異,固不得以洪氏為據遂強為漢物矣。

- 图 考 -

根据梁氏著录及附图,此镜并非六朝镜,实为明代宫家制作的仿汉神人车马画像镜。镜背左右两乳间所夹"宫"字并非宫中所制或进御之物,而是"宫"氏制镜铺作镜的标识。经过比对,武汉博物馆所藏明仿汉神人车马画像镜与此较为接近。该镜直径205毫米。镜钮上下各有一组神人,主神正中而作,两侧羽人跪坐随侍,镜钮左右两侧则各为一组车马出行,六马并驾一车。每组图像间以乳钉间隔。图像外为铭文带,篆书铭文字体软弱,部分字迹模糊,内容粗读为"青盖作竟四夷服,多贺国家人民息。胡虏殄灭天下复,风雨时节五谷孰。长保二亲得天力",其下还有数字,都已磨损

---

① (宋)洪适撰:《隶释·隶续》,中华书局,1986年,第419页,"李氏镜铭"条。

明仿汉"青盖作竟"神人车马画像镜

严重，无法识别①。镜钮较大，钮顶平。镜铜色暗淡泛红。此镜虽无"宫"字铭，但与梁氏所述极为相似，且无论铜制、铜色，还是钮制特征，都是典型的明代仿汉镜无疑。此外，梁氏文中所举的"曹铺"铭镜，从目前的研究也已证实为明代铜镜。

---

① 武汉博物馆：《古镜涵容：武汉博物馆藏铜镜》，文物出版社，2019年，第221页。

26　六朝四乳二神鏡　有識銘[①]

　　徑六寸五分[②]，重二十有八兩[③]八銖[④]，邊可六分許。沿邊一圍，二分弱。二圍中夾圍虬，而長扁環接週其邊二十有四。復作犬牙，凹僅及分，密界豎畫又二圍，銘夾其內。紐作大乳，環以細珠并如乳形。餘圍二分純素，四隅各別有小乳薦之。外亦環以小珠，四面鑄文不一而分間於四乳之間。其上一飛龍，背生兩翼，右一神，旁識曰

梁氏所录"六朝四乳二神鏡"

---

① 　此镜《续修四库全书》版顺序与此不同，今以徐乃昌、徐行可版为准。

② 　该镜直径约合208毫米。

③ 　此处《续修四库全书》版作"二十有八西"，显误，今据徐乃昌、徐行可版改为"二十有八兩"。

④ 　该镜重约1042.7克。

"東王公"，用篆體。神冠帶整肅，作古坐如跪法，丫角侍者立其後，裳垂覆足。左一神，旁有篆識曰"西王母"，服飾亦莊嚴，有跪其後者。二神前各有物橫出，意如周仲鏡之蠏爪，特掩於識，故不得其全形耳。下作一盤，頗類豆、登而三足如鼎，供物積起纍纍若果實。兩神夾守之，似各張其手，又似各有所持者，與雲相錯混，遂不可辨。雲作細鉤，峭勒遍怖分明。銘凡四十有二字，篆書，就供器向上，適與紐孔上下符者，定其正位而左旋讀之曰"仙人子僑、赤誦子（按當時爲'松'之通或以聲相近而誤書也），白虎薰博左右，爲史高升賞萬千（按'二'卽千之疊叻，卽加之倒），叻萬太上君□□□□□□□□上有東王公西王母"叕其文意不甚了了，僅堪意會，泐處更不可讀。又其中爲用隸法，"賞"無上三筆，皆以意測而得之。然製質故古甚，面有異光，與龍氏鏡無二，真莫可軒輊矣。

－图 考－

明仿汉"宣德铸造"神人瑞兽画像镜

根据梁氏的著录及附图，此镜可能并非汉镜，而是明代制作的仿汉神人瑞兽画像镜。原因主要有二，一是此镜铭文漫漶，字体柔弱与汉代铸镜不同。明代仿汉镜虽然铸造精细，但由于铜制为黄铜，与汉代的高锡青铜不同，因此铜制硬度较低，纹饰容易磨损，且字体圆滑柔弱，与汉镜铭文棱角分明殊为不同。此镜铭文"仙人子乔、赤诵子，白虎熏博左右，为史高升赏万千，叻万太上君□□□□□□□□□上有东王公西王母"，多见于东汉时期，内容通常为：某家作镜真大好，上有东王公西王母，仙人子乔、赤松子。可见此镜磨损不可读的铭文部分正是镜铭起读处。二是梁氏认为此镜与上一面"宫"字款龙氏镜非常类似，那面镜我们已经分析过，实为明代宫家镜铺所著仿汉镜，则此面镜应也是明代仿汉镜。据此，与此最为类似的是浙江省博物馆所藏明仿汉神人瑞兽画像镜。该镜直径205毫米，重1685克。镜背铭文处左右两边各铸有"宣德""铸造"二字，是典型的明仿汉镜[①]。镜钮上部铸两侍从中一博山香炉，可能因为铸镜人不了解博山炉，铸出像盘中摆放着累累物品，难怪梁氏会说"下作一盘，颇类豆、登而三足如鼎，供物积起累累若果实"。

---

① 浙江省博物馆：《越地范金：浙江博物馆典藏大系》，浙江古籍出版社，2009年，第196页。

27　六朝日光鏡　有銘

　　徑三寸五分[①]，重十有三兩四銖[②]。無邊。週作半月形凡十有六。四方各二字，如篆體。"中"形，而兩角銳出，合之為"八"，《說文》"凷"古文"匈"字。內則《正義》謂其字象小兒脑，不合也。今鏡文有足，是"中"非"匈"矣，上銳下縮，直畫貫之。再疊畫方格可一寸有六分，銘在其內，凡八字，篆書，左旋，四方方各有字曰"見日之光天下大昍"。內四隅復以上圓下銳者間之。外四隅則左右各加草尾。素紐，背罨有浮綠，質黯古，惟面則瑩通寒灼，與予所見六朝鏡形製全同。有宋人倣鑄者，色質頗新，銘末多"用宜君公"四言，今按代著錄。

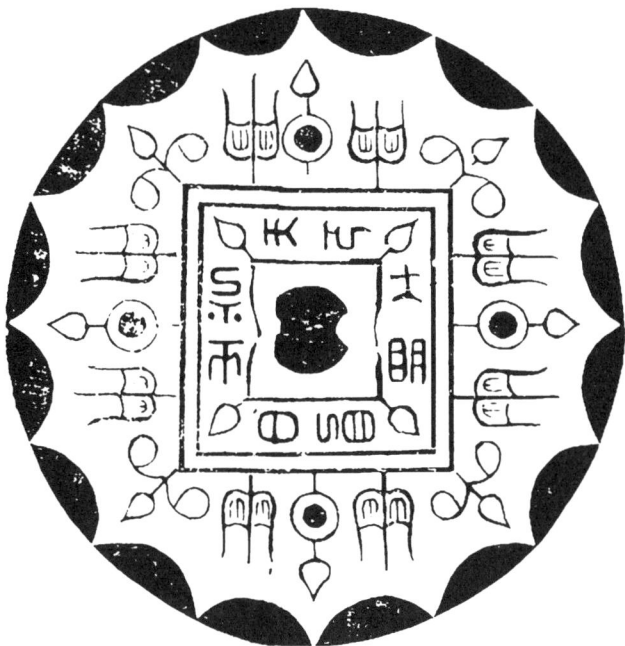

梁氏所录 "六朝日光鏡"

---

① 该镜直径约合112毫米。

② 该镜重约484.5克。

-图 考-

汉 "见日之光" 草叶纹镜

　　根据梁氏的著录及附图，此镜实为汉代典型的草叶纹镜。草叶纹镜是西汉前期广泛流行的铜镜类型，河南洛阳文物工作队所藏汉"见日之光"连弧草叶纹镜正与此相似，可做对比。此镜直径105毫米[①]。镜缘为一周十六连弧纹，圆钮，柿蒂纹钮座，钮座外为方形铭文框，铭文篆书，共八字，每边两字，四角以水滴形纹饰间隔（即梁著中所说的"内四隅复以上圆下锐者间之"），铭文框外四面各饰两个单层草叶纹，其间以乳钉间隔，每组草叶纹间再以另一种花叶形纹饰间隔（即梁著中所说的"外四隅则左右各加草尾"）。对于草叶纹定名，学界起初是从形象上定，马王堆汉墓出土青铜嘉禾印纹后，已经证明这是当时非常流行的祥瑞纹饰"嘉禾"，既有单层也有双层，梁氏所著这面为单层。从梁氏将草叶纹误为文字看，他对这种纹样是缺乏认识的。考《宣和博古图》与《西清古鉴》，均未收录草叶纹镜，梁氏因此也难有借鉴。

---

①　中国青铜器全集编辑委员会：《中国青铜器全集（16）·铜镜》，文物出版社，1998年，第47页。

28 隋有之鏡 有銘識

　　徑二寸五分①，重三兩六銖强②。沿邊一圍，作仰竹形。又一圍，隨凹下。紐之上下有"有之"二字，方可五分。"有"字隸書逼真《漢石經》，"之"字則點用楷法，後二畫又界於正隸之間。兩字文與鏡不屬，豈自識其名或字耶？銘四行，左右各二行，行四字，凡十有六字，正書曰："正其衣冠，尊其瞻視。明明慧心，惟我與爾。""正"字之中左右作兩直，非一"直"一"橫"并，中筆則長短三直矣。第二"明"字，左旁從"耳"。"惟"字又"心"旁從"卞"。此視隋元公與姬氏夫人二誌頗相類③，而與欽江正議大夫碑④之新出欽州土者筆勢則同甚。說者謂，當日去山隸八正⑤時未遠，故字體尚多未備。然晋人精楷已開千百代臨池之宗⑥，此器年代猶在其後，當是書人一時以

---

①　该镜直径约合80毫米。

②　该镜重约119.6克。

③　指《隋元公墓志铭》及《元公夫人姬氏墓志》这一对夫妇合葬墓墓志铭。清嘉庆二十年（1815）在陕西咸宁（今西安市）出土。《隋元公墓志铭》全名为《大隋故朝请大夫夷陵郡太守太仆卿元公之墓志铭》，隋大业十一年（615）刻。石二尺五寸见方，楷书三十七行，行三十七字。《元公夫人姬氏墓志》，石稍小，二尺一寸见方，楷书二十七行，行二十七字。两志书法风格已融合南北书风于一体，开唐代书风之先导。

④　指隋《宁越郡钦江县正议大夫之碑》，简称宁赟碑，清道光六年（1826）秋在今广西钦州（原属广东）七星坪出土。碑高1.3、阔0.92米。碑额十二字，四行分列。碑文楷书，三十行，行三十九字，凡1134字，末署"大业五年四月"（609）。该碑撰述宁氏家族上溯源流及宁赟名字、籍贯，其本人的才学、官职与军功、卒年等，虽名为碑，实际上属于墓志性质，但具有重要的史料价值，堪称南碑翘楚。碑出土后，诸家均有考证。现藏广东省博物馆。

⑤　指隶书体式，人们把带有明显波磔特征的隶书称为"八分书"。亦称"分书"或"分隶"，相传为秦上谷人王次仲所创。关于"八分"的定名，历代说法不一，或以为二分似隶，八分似篆；或以为汉隶波磔，左右分开，故名八分。没有定论。参见《汉语大词典》"八分"词条。汉语大词典编辑委员会：《汉语大词典》第二卷"八"部，上海辞书出版社，1986年，第3页。

⑥　临池典故见《后汉书》卷六十五《皇甫张段列传·张奂》所载张芝"临池学书，水为之黑"的故事。但文中此处"临池之宗"指的是晋代王羲之。《晋书》卷八十《王羲之列传》载王羲之每自称"我书比钟繇，当抗行；比张芝草，犹当雁行也"。

意为之，未可以磔隋代诸碑也。然则金石一理，固不得以此铸字体偶类，据强定其年代第，舍是，则更无依据。汉器虽隶正并用，惟两字分体前此无之，末二字颇泐，以成语至显，且与上同韵，因蓺烛细眎，得其影似，又忆胜国一大老，自刻其杖曰"用之"，则行舍之则藏，惟我与尔有。戏书其旁者曰"危而不持，颠而不扶，焉用彼相"①。亦缘觸及而得之也。

梁氏所录"隋有之镜"

－图 考－

明"正其衣冠"镜

---

① 语出《论语·季氏》季氏将伐颛臾篇。此句原为孔子责备弟子冉有、季路的话语。

根据梁氏的著录及附图，此镜并非隋镜，实为明代铜镜。与之类似的可以济南市博物馆藏明"正其衣冠"镜对比。此镜直径84.3毫米，重86克。银锭形钮，镜钮左右两侧各铸铭文两列，右侧为"正其衣冠，尊其瞻视"，左侧为"明明德心，惟我與尔"[1]。与梁氏所著之镜比，少镜钮上下"有之"二字，但其时代确为明代无疑。此类铭文镜明代多见简化版，文辞简化为前两句，部分有商铺名称。

又一器

度制同，楷力逊前，且漶剥矣。有小圍鑄"李"字，當左旁，心字間。與唐摹漢器頗似。明人所做也。

梁氏所录"有之鏡"又一器

- 图 考 -

梁氏将上一面明代"有之"镜定为隋，而将这面同样为"有之"铭的镜定为明，仅因多了一个"李"字的戳记。梁氏认为这是明人仿唐镜，实际上还是对明代仿前代镜不甚了解的情况而做的臆断。

---

① 何民主编：《济南市博物馆馆藏精品·铜镜卷》（下），山东美术出版社，2017年，第205页。

藤花亭鏡譜

29 唐襄陽鐘鏡　有識

　　高連紐凡五寸四分①，上橫三寸②，下三寸五分③，重六兩四銖④。口作半月形，沿邊凸起分許。文自紐下起口上止，上下并空，皆陽文。三橫象乾卦，長如器者凡三層，首層、第三層之下均作半月形，中為滿月，其外皆有繁星環之，三月相聯處，卽器之中央，亦三縱畫隔於月，而斷月旁四週各有方格凡四，格外復各有從橫一畫。識凡五字，

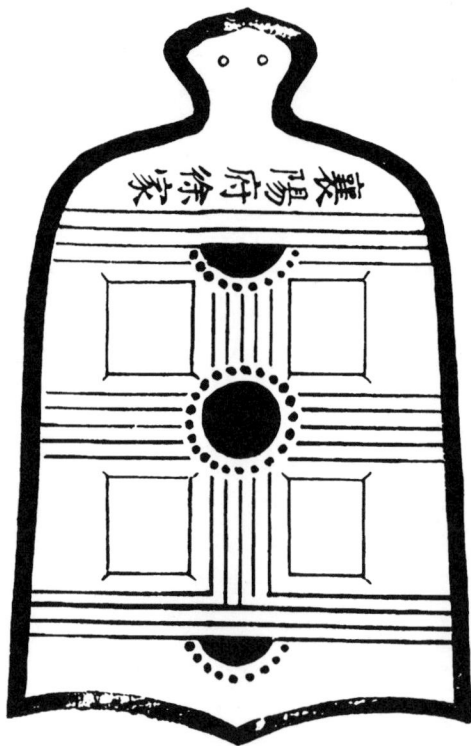

梁氏所录 "唐襄陽鐘鏡"

---

　　①　该镜因是钟形，故不说直径而说高度，高约合172.8毫米。

　　②　上部宽约合96毫米。

　　③　下部宽约合112毫米。

　　④　该镜重约226.9克。

正書曰"襄陽府徐家"。襄陽本秦南陽郡地，魏始立襄陽郡，唐始改襄陽府，前此未嘗有是府名也。字在紐下畫上空際書。橫向左紐有二孔，所以繫縮索也。面背并透綠，扣之作木音，面尚存暗光。云徐家者，必鑄人之室也。近世陳氏考古金石圖亦載有鐘鑑，製與此同，其度則暑有參差。隸銘用《肇鑑圖》語曰"河澄皎月，波清曉雪"。中一篆印，文曰"李道行造"，其下亦有月形。按《肇鑑圖》為唐上元間南海女子作，故陳氏據銘定為唐物[①]。然卽所援前人文語，而謂作文與鑄器同時，考古者未免病其臆度。今得此識，互爲印證，同一形製，而彼用唐語，此著唐地，爐□並古，制度翻新，嫩綠老青，不謂之三唐，神物不可得，而兩兩相較，則此尤當屬諸初唐矣。

-图考-

宋"河澄皎月"钟形镜

　　根据梁氏的著录及附图，此镜并非唐镜，实为宋代铜镜。钟形镜是宋代新出现的铜镜形制，通常有穿孔悬挂和置钮持拿两种使用方式。梁氏描述之镜与陈经《求古精舍金石图》卷二"河澄皎月，波清晓雪"铭的钟形镜形制一致，均为上部穿孔的形制。但梁氏所著录钟镜的纹饰与铭文都非常罕见，从目前已公布的公私收藏著录中，并未找到完全一致的，特依梁氏所著，以陈经所著钟鑑以资对比。

---

　　① （清）陈经：《求古精舍金石图》，卷二"钟鑑"条，清嘉庆二十二年（1817）说剑楼刊本。

30 唐元卿鏡 有銘

　　徑二寸七分[1]，重五兩一銖[2]。沿邊一圍作仰竹形，稍凹下，銘在其中。又一圍，內作雙立龍，張口對向，各有一珠吐出吻頤間，自為玩弄，故無爭攫狀。銘凡二十有四字，篆書曰："日初升，月初盈，纖翳不生，肖茲萬形，是曰攖寶，瑩虛太清。元卿。"此唐篆中至平整者，既不同石鼓之縮長伸短，更不同諸天發神讖之下乘鋒銳，而與同時陽水謙卦格叚亦復相殊。詞則古雅妍鍊矣。王述菴侍郎昶家藏一器，已收入所著

梁氏所录"唐元卿鏡"

---

① 该镜直径约合86.4毫米。

② 该镜重约185.5克。

《金石萃編》中，序次以附唐後五代。前摹刻篆文，實稱肖絕①。"日"下一字作"初"，自與下語合。然細審此鏡，似從"亨"從"刀"，與下語"初"字筆勢迥異。予初讀疑"刓"字，謂當作"勁"解，然究不如"初"字為妥。元卿不知何人，無所考證，當是撰銘者之字，以意揣之，頗不類鑄工之自識也。今從《萃編》，更據其質製，位置於此。覺與同時諸器尚為符莂，紐則銳處摩平矣。漢鏡固喜作龍鳳，唐則每雜以奇花異卉、羽毛鱗甲之屬。今此鏡止作龍形，按《宣和圖》鑑門總說載，唐開元間，李太者進水心鑑，背負蟠龍蜿蜓舌生。太表其鑑曰"龍護"所作，真龍託焉。久之，歲旱，明皇引葉法善卽鑑祈禱，而雲生鑑龍之口，於是甘霈七日而足。然則，唐鏡之專作龍形者，或艷慕其事特倣之，以冀其靈異歟。其然，則鑄器當在開元天寶後矣。

-图考-

明"元卿"双龙镜

---

① （清）王昶：《金石萃編》，第三册卷一百一十八，"镜铭六种"条中"元卿镜铭"，中国书店，1985年。

根据梁氏著录及附图，此镜实为明代铜镜，并非唐镜。首都师范大学博物馆收藏有一面明代"元卿"双龙镜，直径93毫米。圆钮，钮顶平，镜背以一周凸棱分隔为内外两区，内区镜钮外饰双龙向背，龙各口吐一珠。外区为一周专属铭文，内容即为："日初升，月初盈，纤翳不生，肖兹万形，是曰撄宝，营虚太清。元卿。"[①] 此镜铜色泛黄，镜钮呈圆柱形，钮顶平整，均是明代铜镜的典型特点，并非唐代。铭文中"日初升，月初盈，纤翳不生，肖兹万形"是夸赞铜镜质地精良，照物洞彻，纤毫毕现。"是曰撄宝，营虚太清"则是指用此镜能达到道家所追求的"撄宁"[②] "太清"的境界。此外，武汉市博物馆亦藏有两面类似铜镜，但其铭文最后两字释为"玄卿"。玄卿一指道教所奉的玄武神，前蜀杜光庭《张道衡常侍还愿醮词》"诣北斗七元之殿，当玄卿大帝之前，虔备醮坛"。另外，也可以指仙人，清代曹寅《小游仙》诗之五"信是仙人金骨冷，鬖眉一夜化玄卿"之"玄卿"即指仙人[③]。结合此镜铭文内容看，末二字释为"玄卿"更为合适，也说明此镜除照面外可能还有道家法器之用途。梁氏认为"元卿不知何人，无所考證，当是撰铭者之字"这一论点恐怕不确。这段铭词当是其时流行的道家镜铭，因此被铸镜者采铸于镜上。

---

① 首都师范大学历史系：《首都师范大学历史博物馆藏品图录》，科学出版社，2004年，第109页。

② 语出《庄子·内篇·大宗师第六》："其为物无不将也，无不迎也，无不毁也，无不成也，其名为撄宁。撄宁也者，撄而后成者也。"

③ 武汉博物馆：《古镜涵容：武汉博物馆藏铜镜》，文物出版社，2019年，第215、216页。

31　唐照日菱花鏡　有銘

　　徑三寸[①]，重七兩四銖[②]。沿邊一圍稍斜，連綴密點，形同三角。凹下可分許，圍環
監畫。又二圍，銘夾其中。再一圍凸起，斜下處豎畫角點，與沿邊位置兩殊。內外四
隅四獸首，並相逐左向。其上左下右者爲獅子，上右下左者為神羊，以尾角二者別之
也。四獸間各有一花，蒂葉向背並異。銘凡十有二字，正書曰："照日菱花出，臨池滿
月生。君看官帽整[③]，妄映點粧成。""整"下似從"心"，蓋"正"之草體，作"正"特

梁氏所录 "唐照日菱花鏡"

---

①　該鏡直徑約合96毫米。

②　該鏡重約263.7克。

③　此處作"君看官帽整"，然細審附圖，此句文字為"官看巾冒（帽）整"。

行筆稍速偶類"心"耳。"粧"作"莊"。予嘗見一同好藏鏡，質製、銘詞並與此合。然"照日"之"照"彼作"點"，與第十六字複，則鑄工之誤當以此為定衡矣。花文細緻，背質作純青色，有唐諸鏡此為至古。

-图考-

唐"照日菱花"四兽镜

　　根据梁氏著录及附图，此镜确为唐镜。辽宁省博物馆藏"照日菱花"四兽纹镜与此镜较为接近，可兹比对。该镜直径104毫米，重370克。镜背分为内外两区，内区镜钮外为四只逆时针奔跑的瑞兽，四只瑞兽应为同一种动物，与梁氏所著之有狮有羊不同。外区一周铭文为："照日菱花出，临池满月生。君看巾帽整，妾映点粧成。"其'憼'字，下正从"心"，但"粧"不作"莊"[1]。此外，狄秀斌藏有一面"照日菱花出"瑞兽纹镜，与此镜类似，内区为五瑞兽逆时针奔跑，外区铭文内容一致，其中"粧"字即作'莊'[2]。此类铜镜主要流行于隋末至初唐时期，梁氏对此镜的断代非常准确。

---

　　[1]　辽宁省博物馆：《净月澄华：辽宁省博物馆藏古代铜镜》，辽宁大学出版社，2014年，第184、185页。

　　[2]　浙江省博物馆：《古镜今照：中国铜镜研究会成员藏镜精粹》（下册），文物出版社，2012年，第342、343页。

32　唐摹漢長毋相忘鏡　有銘識

　　徑六寸二分[①]，重十有七兩四銖[②]。沿邊一圍純素，作仰竹形。凹下，內凡三巨圍，寬及分者，以次高出。每一圍，必以二陽線夾之，內外兩重皆有銘，且並作篆體。外銘凡二十五字，文義不能測所自起，今姑借內銘左文可讀之第一字所指處為外銘之首曰：“斯以照明光輝象天夫日月心忘穆天朋（他鏡作而）忠黜雖塞天不池內清。”內銘凡八字曰：“見日之光，長毋相忘。”每一字以一捲雲間之。其內又作葵瓣四，連珠

梁氏所録“唐摹漢長毋相忘鏡”

---

① 該鏡直徑約合198毫米。

② 該鏡重約631.7克。

十二週環。紐外別一方格如印，中識四字曰"桂林徐造"，亦篆書。唐人摹古，往往以正書所自識者，以便別於古篆。今識乃用篆則僅見矣。嘗見一漢鏡，製書與此並同。所無者，外層方格耳。此方格所掩蓋之字，以漢鏡證之，知爲"照"字。又見一鏡，銘亦同，而無數"天"字及"塞"字。今此器三角皆有一"天"字，中所夾字爲數適均，或者掩於方格之一字即爲"天"字。鑄者特視漢鏡增入四"天"字，以勻排於四角未可知也。又漢書"清白鏡"銘有"潔清白而事君"，又有"以玄錫之澤澤"等語，以下文義竟不可通。但銘在外層，其內一層乃卽此器之外層。蓋鑄人不解文義，每取他鏡全銘鑄入，遇彼大此小者，則以意而隨手刪節之。此大彼小，則增以"天""光""日""月"等字，故往往明屬古器而文字錯雜不可讀者以此。自漢來已有此弊，唐人則又沿其訛而襲其謬，難縷述耳。此鏡質地純舊，篆畫實與《宣和圖》載"漢清白鏡"毫髮悉合，識印亦與《求古精舍金石圖》載"鐘鏡"爲近，皆漢鏡之最佳者，徒以旁加印識，實漢鑄少而唐鑄多，不得不舍漢就唐，究非所安也。

-图 考-

明仿汉双圈铭文镜

　　根据梁氏著录及附图，此镜并非唐镜，而是明代仿汉镜。梁氏著录的"桂林徐造"铭镜非常罕见，并未见到完全一致之镜。1972年江苏嘉兴明代一座墓葬中出土一面明仿汉双圈铭文镜可兹比较。该镜直径90毫米。小圆钮，无钮座，镜背以两周宽带纹分隔为内外两周铭文带。内区铭文带内容似为"见日之光，长毋相忘"，每字以涡纹间隔。外区铭文内容模糊不清，中有一带圈"孙"字戳记款[1]。

---

① 　嘉兴博物馆：《明器载道——嘉兴博物馆馆藏文物·明墓古器》，中华书局，2016年，第116页。

33 唐龍鸞異獸鏡 有銘識

　　徑七寸二分[①]，重六十有八兩五銖[②]。邊二圍，週作流星。凹下可三分，環以豎畫。又一圍，底有暗龍隱隱蟠繞，挾雲飛躍，首從右起，每於空隙卽露片鱗寸爪，其拏攫蜿蜒之狀可想而未得覩其全身者，則初層鳥獸文掩之也。上爲鷙鸞尾隨而舒其翼，由左旋爲兩獸，前者反首而後者從之，羊首獅尾，非常神異而莫知其名意，殆狻類抑神羊之屬也。六鳥六獸各以類對團佈。兩圍之間又一圍，而銘夾其中，一圍凸起再凹，

梁氏所录 "唐龍鸞異獸鏡"

---

① 该镜直径约合230毫米。

② 该镜重约2510克。

而後環以流星，則八獸並處其內，形象尤極神駿威猛。上、下、左、右方有其二，狀如"白澤"，所謂王者德照幽明則至者，蓋能言之瑞獸。人在鏡中有形無聲，假能言者以寓頌祝之意。或以為狀類貔貅，然上下二小圍有陽文楷書"宮造"字，知為內府鑄備內用者，然武衛無與宮盒，取義不合矣。其位置物象，在四方則相背，四隅則相向。內圍周作星月，紐如彈丸。銘凡四十字，正書曰："明逾滿月，玉潤珠圓，飛鸞□後，舞鳳臺前，生囊止□，洌井澄蓮，形宓遁態，影遂能妍，清神鑒物，代代流傳。"中二字模暗不可辨，首末一花相隔，讀從左旋，書體如更率，文縷精細縝密，為一代冠。

- 图 考 -

根据梁氏著录及附图，此镜并非唐镜，而是明代仿唐镜。目前所见明代带款的仿唐镜非常罕见，因此，此镜著录对于研究明代仿唐镜有重要参考价值。宫家镜是明代著名的铜镜铸造世家，此镜是明代宫家所造仿唐镜。

34 唐摹漢長宜子孫鏡 有銘識

　　徑四寸①，重八兩三銖②。沿邊一圍純素，可三分。又一圍，週作犬牙形。再入一圍，密排豎畫。銘在其內一圍夾之。更內，則雙文四乳，兩乳間二神對坐，各有一人跪神旁者。其兩乳則二龍各蟠轉其際。復一圍，週作聯珠點旋繞紐外。銘凡十有三字，篆文曰："吾作明鏡，幽錬三商，孫子大吉羊。""鏡"省作"竟"，"祥"作"羊"。第三圍右方別識一"馬"字，正書，環以小圍，此為唐人所摹漢長宜子孫鏡，文製不甚相

梁氏所录"唐摹漢長宜子孫鏡"

---

① 该镜直径约合128毫米。

② 该镜重约299克。

遠。銘內此獨遺宜字"馬"，蓋摹者之姓。漢以厚銅為之，唐摹則薄不及半，可望而知，無俟拂拭摩挲，指楷識為券矣。

- 图 考 -

明仿汉"宋置"款六乳神人神兽镜

　　根据梁氏著录及附图，此镜并非唐仿汉镜，而是明代仿汉镜。铭文中套铸"马"字款，这是明代常见的铸镜款。陕西历史博物馆藏一面"宋置"款六乳神人神兽镜与之类似，可兹比较。该镜直径175毫米，重1197克。半圆钮，花瓣形钮座，钮座外两周凸弦纹间为主体纹饰区，六乳间饰六组神人神兽纹。主体纹饰区外为铭文带，铭文内容为"尚方作竟真□□，上有仙人不知老，渴饮玉泉兮"，铭文带中套铸"宋置"二字。铭文带外为一周短直线纹。镜缘饰锯齿纹及绚索纹各一周[1]。

---

　　① 陕西历史博物馆：《千秋金鉴：陕西历史博物馆历代铜镜集成》，三秦出版社，2012年，第565页。

35　唐鍊形神冶鏡　有銘

　　徑五寸六分①，重二十有八兩七銖②。沿邊一圈稍凹，可二分強。一圈再凹下，週作豎畫。又一圈，亦豎畫環之。二圈中作海馬，首尾、反正、向背各盡其騰驤雄邁之勢，旁復儷以雜花。內再一圈，則橫列絕小花瓣。紐絕大，純素。銘凡三十有二字，正書頗類顏魯公，曰："鍊形神冶，瑩質良工，如珠出匣，似月停空。當眉寫翠，對臉傳紅，綺窗繡晃，俱含影中。"語極工麗，駢對尤整練，自屬唐賢手筆，用者所自撰以付良工者也。按此與《博古圖》之"瑩質鏡"鑄文異而銘詞畧同。後四語，彼云"光含晉殿，影照秦宮，鐫書玉篆，永鑄清銅"，不符者十有六字。所收大小凡二具，皆四靈

梁氏所录 "唐鍊形神冶鏡"

---

① 该镜直径约合179毫米。

② 该镜重约1041克。

爲文，而或位四方，或藏圍格，亦自以器之廣狹爲區別也。

-图 考-

隋至初唐"炼形神冶"瑞兽镜

根据梁氏的著录及附图，此镜应为隋至初唐流行的瑞兽铭文镜，《隋唐镜铭文图集》曾著录一面"炼形神冶"六瑞兽镜，与梁氏所著最为接近。该镜直径177毫米，重967克。纹饰如图可分为内外两区，内区六瑞兽各具姿态，恰如梁氏所记之"首尾、反正、向背各尽其腾骧雄迈之势"，外区为一周铭文带，内容为："炼形神冶，莹质良工，如珠出匣，似月停空。当眉写翠，对脸传红，绮窗绣幌，俱含影中。"①与梁氏所著有三字不同，应为释读不同，铭文实则一致。梁氏将此镜定为唐代很准确。

《隋唐镜铭文图集》一书中曾对著有此铭文的铜镜做过统计，共收录16面，纹饰内容可大体分为瑞兽、团花两类。此外，《九江出土铜镜》②《历代铜镜纹饰》③及《镜映乾坤：罗伊德·扣岑先生捐赠铜镜精粹》④等书中亦著录有此类铭文铜镜，可资参考。

---

① 王纲怀：《隋唐镜铭文图集》，上海书画出版社，2017年，第98～107页。

② 吴水存：《九江出土铜镜》，文物出版社，1993年，编号第38。

③ 河北省文物研究所：《历代铜镜纹饰》，河北美术出版社，1996年，编号第93。

④ 上海博物馆：《镜映乾坤：罗伊德·扣岑先生捐赠铜镜精粹》，上海书画出版社，2012年，第88、89页。

36 唐摹漢長宜官位鏡 有銘識

徑五寸五分[①]，重六兩二銖[②]。邊寬寸有二分強。二圍中夾花文，如虹首交互狀，以犬牙周環之。稍凹，又二圍，七乳各薦以葵瓣，乳間一夔。再二圍，中夾連綴花枝，內更密排竪畫。最內一圍，中勻列小乳九，銘間其內，凡九字，篆書，每兩乳中必間一字，合之曰"長宜官位子孫大吉昌"，右邊巨乳夾夔處別一方格，內有識，凡四字，正書曰"陳泰山造"葢鑄者自記其姓名也。漢鏡有至厚至薄兩種，此器質頗薄，文亦古茂，當亦倣漢器為之者。

梁氏所录 "唐摹漢長宜官位鏡"

---

① 该镜直径约合176毫米。

② 该镜重约224克。

-图 考-

明仿汉"马家"六乳神兽镜

　　根据梁氏的著录及附图，此镜并非唐仿汉镜，而是明代仿汉七乳夔龙镜。目前笔者尚未见到梁氏所著录的"陳泰山造"铭的铜镜，但是唐代仿汉镜的最大特点是不加铸造匠人的款，这是学界比较公认的看法。虽然没有完全一致的，但宝鸡青铜器博物院所藏明仿汉"马家"六乳神兽镜与梁氏所著较为接近，可兹比较。该镜直径230毫米，重约404克。镜背分为内、中、外三区，内区一周为八乳铭文，每两乳间间隔铸"8"字形纹饰或铭文，铭文四字为"长宜子孙"。中区为主纹饰区，以六乳间隔为六个小纹饰区，内铸龙、獬豸、朱雀等神兽，其中左侧一首被一长方形铭文框盖住，内铸两列铭文，每列三字，合为"马家包换青竟"①，"包换青竟"即为"包换青铜镜"的简写，是标榜其铜镜质量精良的广告话语。外区镜缘处纹饰复杂，有鹿、夔龙、羽人等。镜色泛黄，镜钮顶平。此类铜镜为明代常见。

---

　　①　宝鸡青铜器博物院：《对镜贴花黄——宝鸡青铜器博物院典藏铜镜精粹》，三秦出版社，2014年，第202页。

37 唐摹漢日光小鏡 有銘

　　徑二寸五分①，重三兩四銖②。邊圍質素，可二分強。凹下分許，週界斜畫二圍，銘夾其中，一戴烏紗狀如世所傳天官者橫立於上，面左向。復環以斜畫，凸起作纖月形者凡八。紐孔平向左右。其外有薦，四面名有乾畫，文貫於月，又各一斜畫間之，銘凡八字，篆書曰"見日之光天下大旳"，左旋讀。下每字各間以圍雲，"見"字為天官所掩，"旳"字亦掩及半。六朝鏡銘有此，然此字體文畫逼真，漢鑄而遜其渾厚，當是漢先有是鏡而唐摹之，此又唐摹之最善者耳。

梁氏所录"唐摹漢日光小鏡"

---

①　该镜直径约合80毫米。

②　该镜重约117克。

-图 考-

明仿汉"西川"日光镜

　　根据梁氏的著录及附图，此镜并非唐仿汉镜，而是明代仿汉日光镜。此类铜镜非常少见，笔者曾见过一面民间收藏的类似铜镜，该镜直径85毫米。镜钮小而顶平，圆钮座。镜背分内、外区及镜缘三部分，内区为内向八连弧，中区为铭文带，内容为西汉常见的"见日之光"铭文，但文辞不通，每字间以"而"字相间隔。其中三字间，套印一个天官的剪影，由于磨损，需仔细辨认可见（见上细节图）。镜缘素面宽平，一侧铸阳文铭文"西川"二字，应是指产地。"西川"作为标识行政区划的地理名词始见于唐代，唐肃宗至德二年（757），分剑南节度使为"剑南东川节度使"和"剑南东西节度使"，其中"剑南东西节度使"简称"西川"，主要管辖成都平原，治所在成都，下辖成都府及彭州、眉州、嘉州等州府，至宋代又设西川路，遂成成都平原的习惯称谓。可见此镜当铸于成都地区。成都地区历来为手工业繁盛发达之地，汉代铜器即有自铭为"蜀郡西工"[1]的，四川金堂焦山绍兴十六年（1146）宋墓也出土有宋代自名为"成都龚家青铜照子"的铜镜[2]。此镜铜色虽较白亮，但铭文模糊，文意不通，镜钮又平，是明代仿汉镜之特征，再加上天官形象在元代画押与铜镜中始见，故此定为明代比较合适。故宫博物院藏有一面明代十二生肖四神镜，纹饰中就有"一人左手举一'曹'字招牌"的剪影形象，亦可兹比较[3]。

---

① 白云翔：《汉代"蜀郡西工造"的考古学论述》，《四川文物》2014年第6期。

② 四川省博物馆、重庆市博物馆：《四川省出土铜镜》，文物出版社，1960年，第92、93页。

③ 郭玉海：《故宫藏镜》，紫禁城出版社，1996年，第180页。

38　唐如見故人鏡　有銘

　　徑三寸強[①]，重五兩七銖[②]。邊圍內可二分許，純素。一圍中作巨菱花形，其外四隅又各有一花枝橫長環繞菱形中，銘以七絕詩一，行書曰："月樣團圓水樣清，好將香閣伴閒身。青鸞不用羞孤影，開匣當如見故人。"章法參差不齊，計長短凡九行，中一行四字，上二字即前半之末，下二字即後半之首。中作橫長紐，狀如今世所鑄銀錠者間

梁氏所录"唐如見故人鏡"

---

①　该镜直径约合96毫米。

②　该镜重约195克。

之，故得配搭均平，書蹟亦流動可喜。儀徵師《山左金石志》有此器①，跋謂首句清字與身人同押可補段若膺四聲音均表所未備。《金石萃編》亦載之，王氏按語謂，七言律絕起句晚唐五代，多有借韻者。且真文庚青自古間有通用。顧亭林、毛大可於《唐韻正》及《古今通韻》中已詳載之，不足為異云云②。語極平允。《萃編》以入於唐之末五代之初，蓋不能鑿指其時代也。今以質製之相類者定之。

– 图 考 –

明"如见故人"诗文镜

　　根据梁氏的著录及附图，此镜并非唐镜，而是明代铜镜。清华大学艺术博物馆藏有一面基本一致，可兹比较。该镜直径96毫米，重233克。银锭形钮，素镜缘微凹。

---

　　① （清）毕沅、阮元：《山左金石志》卷五，"唐青鸾镜"条，嘉庆二年仪征阮氏小琅嬛僊馆刊本，七七二页。

　　② （清）王昶：《金石萃编》第三册卷一百一十八，"镜铭六种"条中"青鸾镜铭"，中国书店，1985年。

镜背以镜钮为中心饰一四瓣菱花形开光，内铸铭文，文竖排，从右读，内容为"月样团圆水样清，好将香阁伴闲身。青鸾不用羞孤影，开匣当如见故人"[1]。与梁氏所著完全一致。铜镜上铸银锭形钮最早始于元明之际，多见于明代铜镜，故其时代定为明代为宜。广西壮族自治区博物馆亦收藏有一面类似铜镜，时代亦定为明[2]。由于此类铜镜在《山左金石志》与《金石萃编》中皆有著录，阮元与王昶主要依据诗文格律进行断代，定为唐或唐至五代，梁氏在没有更多证据的情况下选择依从前见亦属正常，今人如果不是通过大量考古发现和实物对比对铜镜形制，特别是钮制变化有了更深入的认识，也很难推翻这样的结论。

---

① 清华大学艺术博物馆：《必忠必信：清华大学艺术博物馆藏铜镜》，上海书画出版社，2017年，第144页。

② 广西壮族自治区博物馆：《广西铜镜》，文物出版社，2004年，第236页。

39　唐素月鏡　有銘

　　徑四寸七分^①，重十有一兩強^②。邊圖可及分，週環敲牙。斜凹而下，密豎短直，銘在其內，正書曰"光流素月，質氣含精，澄空鑒水，照迴凝清，終古永固，瑩此心靈。週排短直承以犬牙。四隅各有海馬，豎尾馳騁相逐向左。細際惟左下一獸面圓尾散狀如狻猊，與漢鑄海馬葡萄鏡形同。其三則雙角纖尾類神羊，雜出不駢，亦惟唐以後有之。四獸間又各間以文若飛蚨者，蓋沿地卉花為獸掩，稍露枝葉耳。紐如半彈子，正中鏤以小金釘，遂類一乳。他紐每以物觸手摩，致退出光澤，雖點不圓雖圓不整。今

梁氏所錄"唐素月鏡"

---

① 該鏡直徑約合150毫米。

② 該鏡重約405克。

此紐視邊為縮磨擦之所不到，知鏤金於上矣。其以兩穿按上下方出，不作左右旁出。以銘首寶相定之，面可擦照未蝕，鋼色稍近赤，中有赭點，意是丹陽銅產也。何生（元棠）自都中會試，旋出此見贈，生亦有同嗜，購數具歸獻其尊，人為養志，資此以有銘，專為予購者，因錄其製而還之。越日，又自攜以來，爰感其意收補於此。

- 图 考 -

唐"光流素月"四瑞兽镜

根据梁氏的著录及附图，此镜确为唐代铜镜。《隋唐镜铭文图集》一书中收录著有"光流素月"铭文的铜镜27面，其中一面"光流素月"四瑞兽镜与梁氏所录最为接近。该镜直径122毫米，重418克。镜背以一周凸棱分隔为内外两区，内区为逆时针奔跑的四只瑞兽，外区为铭文带，内容即为："光流素月，质禀玄精，澄空鉴水，照迥凝清，终古永固，莹此心灵。"[1]与梁氏所录铭文有两字不同，或是释读不同。此类铜镜铸造精良，铭文是对铜镜质地的充分赞誉，属于初唐镜中的佳品。梁氏对其断代非常准确。

---

① 王纲怀：《隋唐镜铭文图集》，上海书画出版社，2017年，第215页。

40　唐秋中天净镜　有銘

　　葵花八瓣[1]，兩末相距五寸七分[2]，重十有六兩二銖[3]。邊如其瓣，一圍中夾二花，花夾二雲，其間各有方格可五分許，寶盍罩之，銘在其內，凡四字，正書，一格一字，曰"秋"曰"中"，下二字出範時已模糊，然燈日下猶可髣髴辨為"天"字"凈"字。溯其祖式，殆出漢龍虎盧鎣之以吉字入方格內者。又一圍中，鴛鴦舒翼對立，頸繫同心結，雙帶飄捲。其下有藕，一花一葉，兩蕾銳若筆鋒，並同根生。藕與蓮類，亦曰

梁氏所录"唐秋中天净镜"

---

　　① 此处《续四库全书》本作"葵花六瓣"，国图藏徐行可本作"葵花七瓣"，细审附图，应为"葵花八瓣"，今据以改。

　　② 该镜直径约合182毫米。

　　③ 该镜重约592克。

芙蓉，或義取配偶，或意示同懽，或想象夫容，皆和合意也。全背水銀佈滿，朱斑燦然奪目，倘不以字畫為據，鮮不以為漢鑄者。諸鏡凡邊圍所鑄恆與中幅相為照應，且每視中紐以定方向之上下左右，紐作動物形者，固即其首所向之方為上。若竟純素，則視其兩孔所指分左右焉。今紐孔既以分向，鴛鴦定其左右兩面矣，而外圍方格字形所向則較之圍內又參錯不配，知製范者一時輕心掉也。外圍方向既已乖舛，其字之為"秋天淨中"為"中秋淨天"義均可通，而意迥殊矣。然"秋"字正寫，"中"字橫寫向左，"天"字影亦正向，則從"秋"起而左讀無疑。

图 考

唐"千秋"鴻雁纹葵花镜

　　根据梁氏的著录及附图，此镜确为唐代铜镜。陕西历史博物馆藏一面"千秋"鸿雁纹葵花镜与此构图类似，可兹比较。该镜直径189毫米，重627克，1956年征集。镜作八瓣葵花形，圆钮，无钮座。镜背以一周凸弦纹分隔为内外两区，外区每个葵花瓣内相间饰以云纹及宝盖方格各四，其中两方格内分铸铭文"千""秋"二字，另外两个方格内无字，饰以几何纹。内区镜钮左右各一鸿雁昂首振翅，相对而立，两只鸿雁颈部系绶带，绶带向上飘动，在镜钮上方交接。镜钮下方为一盛开的荷花，一花一叶，

两只花蕾分向左右。镜背锈蚀较多[①]。此镜与梁氏著录之镜，形制、布局均相同，不同者主要有两点，一是铭文，梁氏之镜四方格内均有铭文，合为"秋中天净"四字（然细审梁氏附图，只见"千秋"二字，并不见"秋中"二字），二是纹饰的命名，两镜中的禽鸟几乎一模一样，但陕西历史博物馆藏镜将其命名为鸿雁，梁氏之镜则命名为鸳鸯。但对比其他唐镜可知，此类禽鸟并非鸳鸯，可以参考陕西历史博物馆所藏另一面"鸳鸯衔绶菱花镜"[②]。

---

① 陕西历史博物馆：《千秋金鉴：陕西历史博物馆历代铜镜集成》，三秦出版社，2012年，第376页，上图。

② 陕西历史博物馆：《千秋金鉴：陕西历史博物馆历代铜镜集成》，三秦出版社，2012年，第379页。

41 唐四乳四龍鏡 有識

　　徑三寸五分①，重十有一兩二銖②。邊五分弱，凹下，密排斜畫。一圍內雙文四乳，乳間各一雙鈎博古龍。又三圍，亦各斜畫界其內外。中圍環凸，寬可二分。左方龍文上，一丫角兒持軸幅，屈其右足而立者，卽從是兒首面衣褶間疊葢方格，篆文四字，以文畫重疊不可識，可辨者惟第三字，偏旁從"子"，末一字為"記"字，皆倒書。其軸其識，皆所以為市者之招，無深義也。唐鏡往往有以方圓圍格作字，自摽其姓氏或名及設肆名號印於鏡范者。此唐鑄之常，最取辨驗。然其式實不自唐始，漢尚方銅器

梁氏所录"唐四乳四龍鏡"

---

① 该镜直径约合112毫米。

② 该镜重约408克。

亦以方格內藏一角解廌，而後銘識上下夾之，見《積古齋欵識》殆卽唐鑄人物之所自祖歟。

– 图 考 –

明仿汉"化龙巷"四乳四龙镜

　　根据梁氏的著录及附图，此镜实为明代仿汉镜，并非唐镜。从梁氏著录看，此镜纹饰为汉代典型的四乳四龙镜（或称"四乳四虺"镜），但其中一龙处叠压铸"一丫角儿持轴幅"。笔者所见有两面铜镜可互为比较，确定其时代。一面是常州博物馆藏明仿汉"化龙巷"四乳四龙镜，该镜镜背纹饰为典型的汉代四乳四龙镜纹饰，小圆钮，十二连珠纹钮座，钮座外由内向外分别为短斜线纹、宽带纹、短斜线纹各一周，其外为四条双线勾勒的简化龙纹，四龙间以四乳钉纹间隔，其中一条龙上叠著铭文，铭文两列，每列五字，楷书，合为"化龙巷王家铸造青铜镜"，此镜铸造精良，当是以汉代四乳四龙镜为模板翻铸而成的，如果不是自铸铭文，很难直接判断为明代仿汉镜，是明代仿镜中的精品。此外，北京故宫博物院藏有一面明代十二生肖四神镜，纹饰中就有"一人左手举一'曹'字招牌"的剪影形象[1]，细看其人物，正是一个丫角孩童的形象，三者比较，则梁氏之镜定为明代当是稳妥的。

---

　　① 郭玉海：《故宫藏镜》，紫禁城出版社，1996年，第180页。

42 唐松溪鏡 有識

　　徑三寸[①]，重七兩七銖[②]。沿邊一圍，內外並週作犬牙形，及次圍而止。其內二圍則一齊邊一凹下，並密排豎畫。再疊二圍，而後二龍，張口對舞，又三龍，分據其下。紐在內圍之中，其式卽俗稱大鼻鏡之小者。左有方長雙文格，識在其內，凡三字，正書曰"江松溪"，則製鏡者之姓若字，三字皆倒寫，蓋製模時偶忘鑄出反倒為正之故緣，有是誤非欲以此示異也。唐鑄他鏡亦有之，或意當時之工但知刻劃文飾，轉於字畫不甚了了。顧淺易如此亦在所忽則弗可解耳。

梁氏所錄"唐松溪鏡"

---

① 该镜直径约合96毫米。

② 该镜重约268克。

- 图 考 -

明仿汉"善"字款龙虎镜

　　根据梁氏的著录及附图，此镜实为明代仿汉镜，并非唐镜。笔者未见"江松溪"款的铜镜，但曾见一明仿汉"善"字款龙虎镜可兹对比。该镜直径76毫米，重81.2克。平顶小圆钮，圆钮座，钮座外为主体纹饰区，饰龙虎对峙纹。主体纹饰区外饰短直线纹、锯齿纹各一周。镜钮右侧短直线纹上陶铸"善"字铭文。素镜缘[①]。此镜为典型的明代仿汉龙虎镜。

---

① 　吴汝瑞：《铜都藏镜选》，远方出版社，2005年，第247页。

43　唐馬青鏡　有識

　　徑二寸八分①，重七兩一銖②。邊二圍，中夾雙鉤犬牙。凹下一圍，四乳，水蟲凡十有二，各間於四乳之間。又疊二圍，夾以密排豎畫，內卽紐矣。左有小方長格，識在其右，凡二字，正書曰"馬青"，為鑄者姓名。水蟲得水而生，遊於水面，今以為文者，謂鏡清如水也。此視松溪鏡質色頗相類，而與呂氏鏡則質製全同，所分者大小而已。印譜載"漢張位印"為方長有邊陽文直行之祖。阮氏《欵識》載漢銅器識"宜子孫"，字亦直疊雙文於長格之內，今此之識蓋有所本，非臆創也。

梁氏所录"唐馬青鏡"

①　该镜直径约合90毫米。

②　该镜重约259克。

明仿汉 "马青" 四乳八鸟镜

　　根据梁氏的著录及附图，此镜实为明代仿汉镜，并非唐镜。梁氏所著 "水蟲" 纹对比附图可知，其就是今天汉镜中常说的 "鸟纹"，因此梁氏此镜实际就是明仿汉四乳八鸟纹镜。"马青" 铭的铜镜明代镜中颇多，今举一张家口市博物馆所藏明仿汉 "马青" 四乳八鸟镜为例，该镜直径86毫米，圆柱形镜钮，钮顶平，宽平素镜缘。镜背为汉代常见的四乳八鸟纹，每两乳间两鸟相对而立。镜钮左右两鸟纹上叠铸各一字 "马" "青"[①]。大同市博物馆藏有一面明仿汉 "马青" 款 "见日之光" 铭文镜[②]，类似的 "马青" 款铜镜为数不少，可见是当时的知名品牌。宣化博物馆藏有一面明

　　① 张家口市博物馆：《张家口市博物馆馆藏文物精华》，科学出版社，2011年，第49页。原书中此镜定为金代，实为明代。

　　② 大同市博物馆：《镜月澄华：大同市博物馆藏铜镜》，科学出版社，2019年，第202、203页。

仿汉"马青泉"规矩镜，镜背为仿汉规矩纹，镜钮左、右及上部纹饰中各叠铸一字"马""青""泉"①，"马青"是否为"马青泉"之简写，目前还缺少资料证实，但两者具有诸多相似，均为明代仿汉镜则是比较明确的。此外，由于梁氏的著录中提到"此视松溪镜质色颇相类"，也可进一步证实上一面"松溪镜"的时代应为明代。

---

① 宣化区宣传部、宣化区文物旅游局：《河北历史文化名城·宣化文物精华》，岭南美术出版社，2006年，编号55。该镜书中定为金代，实为明代，此外，原书中定名为"立马青泉"四乳规矩纹铜镜，细审该镜，镜钮下方并无"立"字，实为规矩纹模糊后之误读。因此重新释读为"马青泉"。

44　唐梵書鏡二

　　徑二寸九分[①]，重五兩六銖[②]。自邊迄紐凡三圍，各有梵書周環之。第一圍凡二十字，第二圍凡十有六字，第三圍內卽紐也，亦一字。按西竺書與元人國書似同而異，其點畫頗近於今之回部所鑄，文必其教之咒語，非繙譯不可識耳。近時西藏中所鑄鏡，世稱藏鏡者，往往鑄成後於鏡面刻諸佛、菩薩、羅漢諸形，鏤鐫殊工。顧鏡之爲用，全在以虛靈者爲鑑物之用。旣刻，不復可照，失其用卽失其體，而器雖存若亡。所見偏陋諸如此類不足怪也。

梁氏所録“唐梵書鏡”

---

①　該鏡直徑約合93毫米。

②　該鏡重約193克。

－图考－

元梵文准提真言镜

　　根据梁氏的著录及附图，此镜实为元代梵文镜，并非唐镜。梁氏所著此类梵文镜存世量颇多，陕西历史博物馆[①]、洛阳博物馆[②]、武汉博物馆[③]等均有收藏，今以寿县博物馆所藏一面为例，该镜直径90毫米。镜背以凸弦纹分隔为内外两区，外区20字，内区16字，圆柱形钮上一字[④]，与梁氏所著完全一致。此类铜镜上的铭文为梵文准提咒，内容为七俱胝佛母心大准提陀罗尼真言、净法界真言、护身真言和六字大明真言，阅读顺序为逆向，先外圈，后内圈。镜铭梵文字体属于"兰查体"，是元朝后期使用的一

　　① 陕西历史博物馆：《千秋金鉴：陕西历史博物馆历代铜镜集成》，三秦出版社，2012年，第514、515页。

　　② 洛阳博物馆：《洛阳出土铜镜》，文物出版社，1988年，编号204。

　　③ 武汉博物馆：《古镜涵容：武汉博物馆藏铜镜》，文物出版社，2019年，第196页。

　　④ 安徽省文物考古研究所、六安市文物局：《六安出土铜镜》，文物出版社，2008年，第262页。

种书法，其与汉文对应关系可参看《龙照光华：复旦大学藏青铜镜》中的详解[1]。准提咒是礼奉准提菩萨、修行准提咒时所念的咒文，主要是祈求驱邪避凶、保护平安的。

又一器

徑畧減一分弱，鑄亦同時，惟內層不及前器之玲瓏深凸，則工之巧拙為之耳。

梁氏所录"唐梵書鏡"又一器

---

① 复旦大学博物馆：《龙照光华：复旦大学藏青铜镜》，上海书画出版社，2020年，第66、67页。

45 唐四山鏡 有識①

　　徑二寸六分②，重二兩五銖③。邊厚止一分強，凹下，質如紙薄。二圍相疊，四面各一"山"字，文畫如仰竹，可七分許，字勢均斜作右向。四字各間以相輪，鉤雲草尾遍滿其中。又一方圍，亦仰竹。紐僅一分。周鎮圭面，刻四山形以象四岳，此代形以字命，意想亦相同。入土年深，面背皆作青色，而花文密緻毫不損壞，足證其善銅精鍊所成。雖不能照，然映就日中，則四字明顯若筆書，是與漢鑄水浮同一類，薄尤過之，文鏤較工，恰非漢器所有。不獨以楷體別之也。

梁氏所录"唐四山镜"

---

①　此镜《续修四库全书》版无，今据徐乃昌、徐行可版补入。

②　该镜直径约合83.2毫米。

③　该镜重约81.3克。

–图 考–

战国四山镜

　　根据梁氏的著录及附图，此镜实为战国镜，并非唐镜。此镜也是我国见于著录最早的一面"山"字纹镜。长沙市博物馆藏有一面类似铜镜，可兹比较。该镜于1981年出土于长沙袁家岭大同小学一座战国墓葬中，直径97毫米，重121克。三弦钮，双重方钮座。主题纹饰为四个左旋的"山"字纹，每个"山"字以叶纹间隔，底纹为羽状纹[①]。素镜缘。清代学人对战国镜认识极为缺乏，在缺乏对照体系的情况下，将其错认为唐镜实属正常。

---

　　① 长沙市博物馆：《楚风汉韵：长沙市博物馆藏镜》，文物出版社，2010年，第10页。

46　唐呂氏四乳鏡　有識

　　徑二寸七分[①]，重四兩一銖[②]。邊內外二圍，中夾雙文敵牙，凹下處密排豎畫。又一圍，中作四乳，乳間各有水蟲，八足蠕蠕欲動。再疊二圍，亦密排豎畫。上有小圍，識位其內，陽文正書一字，曰"呂"字，勢向右。鏡文本無上下，以紐定之，知字在上方耳。此與"馬青鏡"質製頗同，彼十二蟲，而此僅類者，以徑圍差小故減其四也。

梁氏所录 "唐呂氏四乳鏡"

---

① 该镜直径约合86毫米。

② 该镜重约149克。

－图考－

明仿汉"吕"款四乳四龙镜

　　根据梁氏的著录及附图，实为明代仿镜，并非唐镜。与前述"马青镜"一样，梁氏此镜中的"水蟲"纹实为鸟纹。各地博物馆收藏的"吕"款铜镜较多，是明代一种较为有名的镜铺款。"吕"款铜镜类型目前所见有仿汉铭文镜、规矩镜、四乳四龙镜等。此处以常德博物馆所藏明仿汉"吕"款四乳四龙镜为例，该镜直径85毫米，重162克。小圆钮，钮顶平，镜背主题纹饰为汉镜中常见的四乳四龙镜，其中一个龙纹旁叠铸一小圆，内铸"吕"字[1]。

---

①　常德博物馆：《常德出土铜镜》，岳麓书社，2010年，第215页。

47　唐吕氏小乳瓜毹鏡　有識

　　徑二寸一分①，重二兩六銖②。沿邊一圍，形如仰竹可分許，週以斜畫疊二圍。四方四乳，乳間一瓜，葉與藤俱蔓延旋繞。右小圍，中識一字曰"吕"，正書。以手摩觸故紐背，時露原銅，餘則古氣包裹矣。似與"小四乳細草"兩鏡同出其人手蹟。

梁氏所录"唐吕氏小乳瓜毹鏡"

---

　　① 该镜直径约合67.2毫米。

　　② 该镜重量约合82.8克。

-图考-

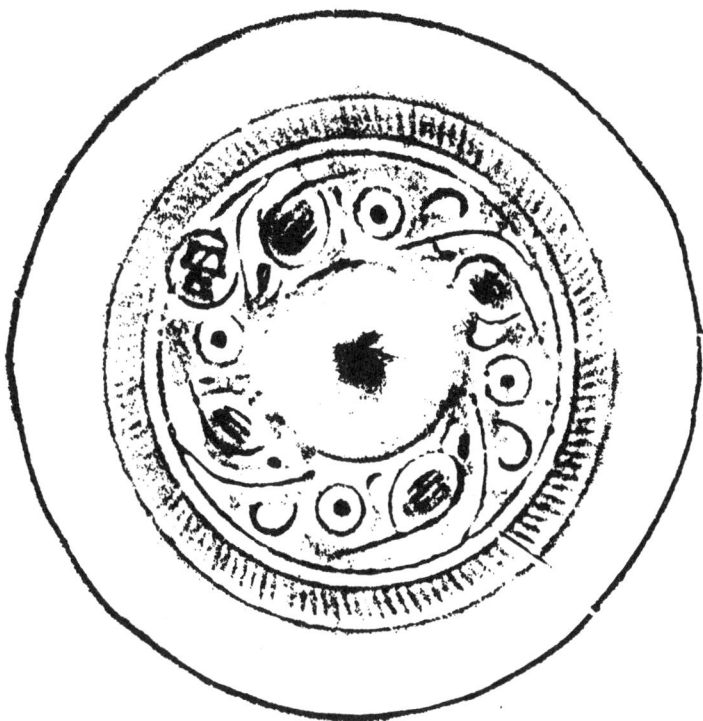

明仿汉"吕"款四乳四鸟镜

　　根据梁氏的著录及附图，实为明代仿镜，并非唐镜。与前述"马青镜"一样，梁氏此镜中的"瓜瓞"纹实亦为鸟纹。各地博物馆收藏的"吕"款铜镜较多，是明代一种较为有名的镜铺款。"吕"款铜镜类型目前所见有仿汉铭文镜、规矩镜、四乳四龙镜等。此处以旅顺博物馆所藏明仿汉"吕"款四乳四鸟镜为例，该镜直径73.5毫米，重120克。小圆钮，钮顶平，镜背主题纹饰为汉镜中常见的四乳四鸟镜，其中一个鸟纹旁叠铸一小圆，内铸"吕"字[①]。

---

① 旅顺博物馆：《旅顺博物馆藏铜镜》，文物出版社，1997年，第220页。

48 唐獅鳳鏡 有識

　　徑八寸一分①，重六十有四兩八銖②。素邊可六分弱。一圍內復週作菱花四鳳，平翻飛舞相隨而左翔集於花枝簇擁中。又一圍，四狻猊亦左向唧尾，相與顧盼跳躍，身旁各挾一毬，抛以為戲。圓紐平頂，中藏陰文方格，識在其內，凡四字，隸書曰"湖州薛家，此鏡平薄，頗與唐他鏡殊。背質剝落漫漶，古色古意一時無兩，非賴有此識，將以位諸六季上矣。面光燦灼可洞數里，唐代不恆覯之器也。

梁氏所录"唐獅鳳鏡"

---

① 该镜直径约合259毫米。

② 该镜重约2367克。

-图 考-

元至明凤鸟穿花镜

　　根据梁氏的著录及附图，此镜实为明代镜，并非唐镜。《古镜今照：中国铜镜研究会成员藏镜精粹》一书中有一面凤鸟穿花镜，可兹比较。该镜直径288毫米，重3350克。小圆钮，菊花形钮座，宽平素镜缘。镜背以一周凸弦纹分隔为内外两区，内区四只狮子紧紧环绕着镜钮逆时针奔跑追逐，外区为主体纹饰区，在菱形开光内，上下左右各有一只凤鸟在花团簇拥下逆时针飞翔①。此镜尺寸巨大，铸造精良，堪称精品。与梁氏所著不同之处在于梁氏镜镜钮上有"湖州薛家"款，此镜则无。"湖州薛家"是

---

　　① 浙江省博物馆：《古镜今照：中国铜镜研究会成员藏镜精粹》（下册），文物出版社，2012年，第588、589页。

明清时期湖州的铸镜大家，现在在各博物馆均存留有不少实物，明刘沂春《乌程县志》中载"湖之薛镜驰名，薛氏，杭人，而业于湖"。可见其确为明代驰名的品牌。武汉博物馆亦有一面与此相似之镜①。对于此镜断代，梁氏亦有疑惑，认为"此镜平薄，颇与唐他镜殊"，但是仍然因为款识而定为唐代，这与他形成的凡是有款识的镜均是唐镜的观念有关。

---

① 武汉博物馆：《古镜涵容：武汉博物馆藏铜镜》，文物出版社，2019年，第230页，该镜时代书中定为清，应为元明为宜。

49 唐薛氏素鏡 有識

徑三寸五分①，重五兩一銖②。他鏡卽素質尚作數圜以大小區分內外，或中邊凹凸以別輪廓，且素鏡必無題識。此獨通背砥平，天然古色青黑相雜，而隱隱光氣微露於若有若無間，可意會不可言宣。望而知為人世所常用不敝之器，固不藉水土，青綠而自然質樸可愛者。紐邊陽而圓，內藏格陰而方，畧與五銖錢文之巨孔淺輪者相類。格內復作陽識，凡四字③，正書曰"薛鶴泉造"。唐薛氏鏡頗得名，宜有流傳至今者，然所識止一'薛'字，此乃姓字並存，足資考索矣。又今所收"唐四鳳鏡"，識在紐上，欵制去此不遠，文曰"湖州薛家"。又一光素鏡，識云，亦與此同。則當時薛鑄之盛並世爭名，此畧見一班矣。

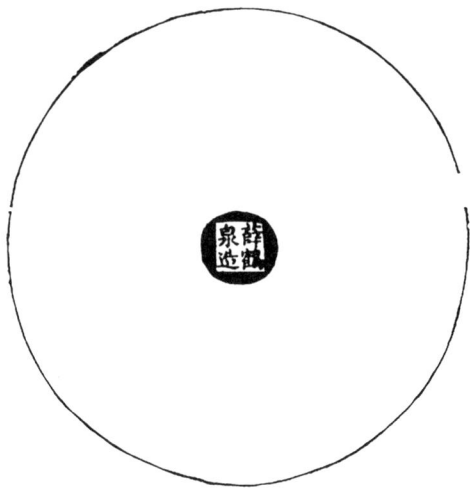

梁氏所录"唐薛氏素鏡"

---

① 该镜直径约合112毫米。

② 该镜重约186克。

③ 此处国图藏徐行可本作"几四字"，《续四库全书》本作"凡四字"，考其文意，当为"凡四字"，今据《续四库全书》本改。

-图 考-

明"薛奇亭造"素镜

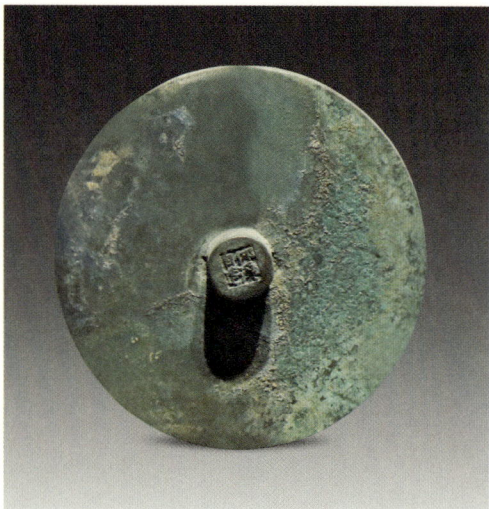

明"仰溪自造"款素镜

根据梁氏的描述，此镜实为明代镜，并非唐镜。早在西周时期就已有无纹饰的纯素铜镜，自战、汉至于唐、宋而有之，但各个时代即使是素面铜镜，依然有其各自的差别，自宋代素面铜镜上才出现铸出铸镜店铺或匠人名称的情况。上述"唐狮凤镜"时已谈到，湖州薛家是明代著名的铸镜家族，此镜镜钮上的"薛鹤泉"就是明代薛家，因此实为明代镜。笔者并未见到铸铭"薛鹤泉"的素镜，但寿县博物馆藏有一面明代"薛奇亭造"款素镜，与梁氏"薛鹤泉"镜极为类似，该镜直径108毫米。镜背纯素，圆柱形镜钮，钮上阳文方形四字款，合读为"薛奇亭造"[①]。此外，梁氏还提到了一面类似的"薛仰溪造"款素镜，也是明代薛家镜，湖州市博物馆陈列一面"仰溪自造"款素镜，应该就是薛仰溪所铸。

---

① 安徽省文物考古研究所、六安市文物局：《六安出土铜镜》，文物出版社，2008年，第264页。

50　唐呂氏摹小四乳細草鏡　有識

　　徑二寸二分[①]，重二兩五銖[②]。沿邊一圍，再週以犬牙，為仰竹形，稍凹而下，內外
全素。二圍中夾四乳，繫於四面正中，乳間各間以雙文橫畫，旁夾草紋。下面迤右復
一小圍，識在其內，正書一"呂"字，與唐摹古諸鏡之楷識姓名者合。背稍傷枯瘠乏
腴華，意則自來手澤摩挲者少也。

梁氏所錄"唐呂氏摹小四乳細草鏡"

---

①　該鏡直徑約合70.4毫米。

②　該鏡重約81.3克。

-图 考-

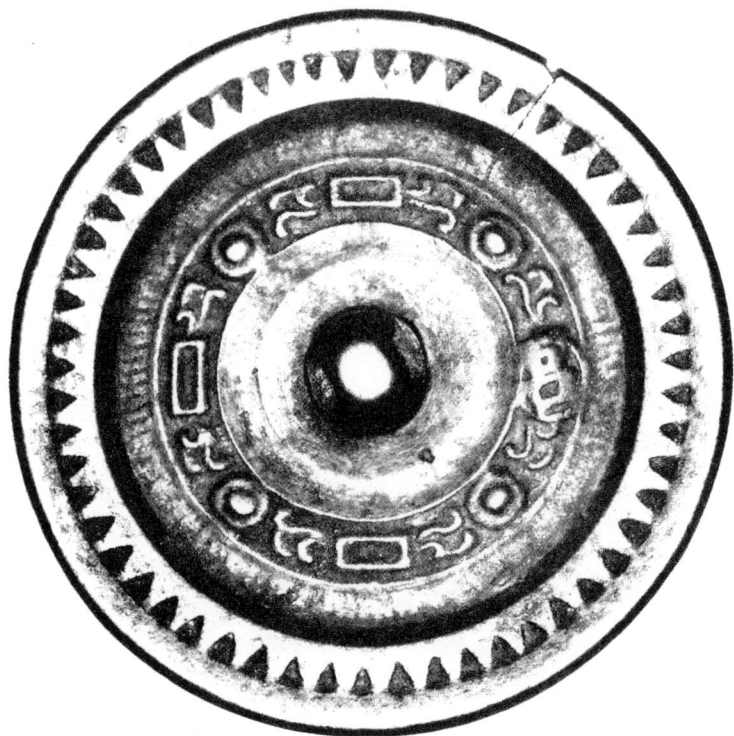

明仿汉"吕"字款简化纹饰镜

　　根据梁氏的描述，此镜实为明代镜，并非唐镜。广西平南县博物馆收藏有一面完全一致的铜镜可兹比较。该镜直径69毫米。平顶小圆钮，圆钮座，钮座外一周四乳，乳间饰简化纹饰，镜钮右侧纹饰上套铸"吕"字款，其外饰短直线纹，镜缘饰锯齿纹一周[①]。此类铜镜是典型的明代吕氏铸镜。

_____

① 广西壮族自治区博物馆：《广西铜镜》，文物出版社，2004年，第261页。

51 唐方位鏡 有字無銘識

　　徑三寸四分①，重六兩一銖②。兩面並有鑄文，為古近諸鏡之所無。惟一面中磨光可鑑處凸起止及寸，去鑑可四分許。內外兩圍中夾入八卦巨畫，又畧作仰竹形，直至外邊，僅增一圍而已。其一面則中間凹下，卽前一面之凸起可鑑處也。內凡四圍，外及邊凡二圍，中以密排豎畫間之。凡二十有四格，每格為陰畫七，得百六十八數，在他鏡則為直畫之文，而此實度數也。陰畫之上層週環析分二十有四格，格各一字，曰"甲卯乙辰巽巳丙午丁未坤（鏡原以坤爲戌，誤，今正之）申庚酉辛戌乾亥壬子癸丑艮寅"凡二十有四字，所以定四隅、四正之方位也。相傳始自漢張良，為後來羅經正針之所自起，卽天地人三盤中之地盤也。其卦從八卦十二地支而出，卦有二十四爻，支位二十四氣。八卦分則四隅正，而"艮""巽""坤""乾"為正四卦，恰當地支"子""午""卯""酉"之位，故去卦而存支，支卽卦也。其四正則輔之以八天干，於東則加甲乙，西加庚辛，北加壬癸，南加丙丁。其四隅則輔之以地支，以丑寅夾艮卦，以辰巳夾巽，未申夾坤，戌亥夾乾，合四卦八干十二支成二十四位，而大地方向盡在其中矣。其內一層為第二圍，所列皆洪範五行之理，蓋五行之序本木火土金水，而洪範五行則水火木金土，而此又子為水，水雖旺而無土則散，故癸為土。此十二位皆以八干輔成四正之氣，就中水火又與金木異者，金水之為用也以形，而水火之為用也以神，其理又分顯奧也。其中又兼四生、四墓、四維三者之理。四生者，卽四正之始氣也。水始於金，故亥為金。木始於水，故寅為水。火始於木，故巳為木。金始於土，然申不變土而變水者，以燥土不可生金，土必得水而生金，則水實金之始氣，故申為水。四墓者，即四正之歸氣。凡物，生則向上，歸則向下。物以水土為至下，火歸土必灰，水歸土必涸，故丑未為土。金出於土而不復歸乎土，木生於土亦不能歸土，故同歸於水。金入水必沉，木入水必朽，故辰戌為水。四維者，四方之交也。乾本生北，水之金。坤本生西，金之土。乾坤為二老不變。惟艮居水木之交，本受水以生木者，而土不能生水，故從而變水。巽居木火之交，木固能生水者。而坎中之陽為火根，

---

① 該鏡直徑約合108.8毫米。

② 該鏡重約222.3克。

離中之陰為水根，則火實根於水，故巽變水以為火根。此相傳王伋仙之《心經》，王希逸之《五行九星歌》皆以洪範五行為用也。其第四、五圍中夾之直畫，所謂一格七分，合廿四格，得百六十八數，此又在分金候卦之內而為羅盤所未有者，此可補其缺。外一圍，則每一格中分三行，合二十四格，凡得七十有二行，行上下各一字，其上截一字，即《紅鸞水法》之七十二龍，下截一字，即五行本不相混也。如甲位凡三字，中曰"正甲"左曰"乙卯"右曰"壬寅"，蓋甲位界卯、寅二者之交，卯之左為乙位，寅之右為艮位，故自正甲而左即從卯為乙卯，又左歷正卯位之丁卯、巳卯、辛卯，而至正乙位之右亦為癸卯，而後為正乙。自正甲而右，即從寅為壬寅，又右歷正寅位之庚寅、戊寅、丙寅，而至正艮位之左亦為甲寅，而後為正艮。故正甲之左凡五卯，右凡五寅，左右計十支干，而甲位訖餘位自可類推。然則此外圍之上字宜疊作兩字，如中宜曰正甲，左宜曰乙卯，右宜曰壬寅。今伹云正乙，而於正下之甲，壬下之寅，乙下之卯，並從省。且週環各位皆然，非精力校勘不能測其義矣。至其沿邊一環，則仍是五行之數，位各得其三，其所屬之方位與紅鸞法次第同而位各不符合，是當別有妙用。近時羅盤星宿卦節層疊錯出，識者病其繁瑣。然不過日積而增，得此簡淨之法，錯綜變化已無乎不包，大用分明，轉覺後來紛紛者為不憚煩矣。正針之二十四方位，堪輿家以為起於宋屬太素（名文俊，處州人，官建陽，棄官自號布衣。今人稱頓布衣，誤），然《青囊奧語》舊題唐楊筠松撰，其弟子曾文辿序已有"二十四山分順逆"一條，其書著錄《欽定四庫全書》，據此則"太素催官篇"之以二十四山分陰陽，為祖述唐人之語。今此鏡泐蝕已甚，僅可以意求字。兩面色澤奇古，正未可因太素傳訛之語而謬隸於宋代矣。

梁氏所錄"唐方位鏡"鏡面線刻

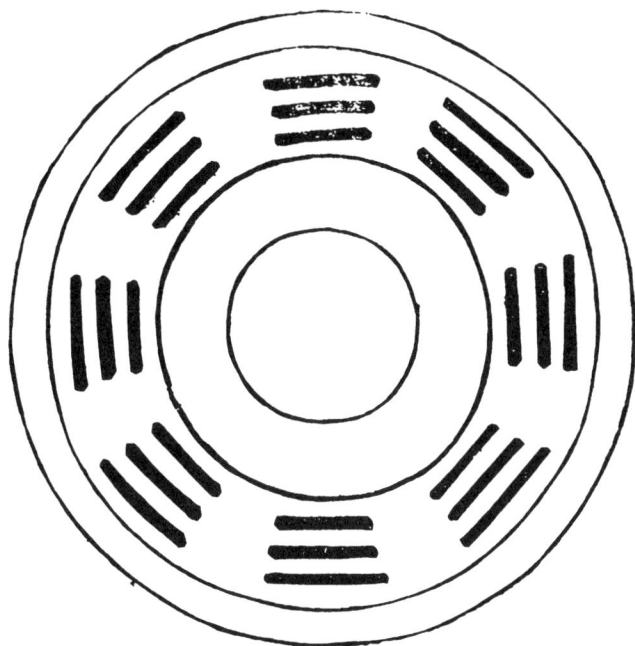

梁氏所录"唐方位镜"镜背纹饰

－ 图 考 －

唐出行占卜方镜

　　根据梁氏的描述，此镜时代不好确定，或为唐镜，但也可能更晚。梁氏此镜从其镜面线刻来看，内容为占卜罗盘，因此其作用并非实用照面，而是占卜或辟邪之用。1991年山西忻州市唐宣宗李忱大中八年（854）高徵及夫人王氏合葬墓出土一面出行占卜式盘镜，可兹比较。该镜为圆角方形，直径138毫米，圆钮，圆钮座。镜背以两重弦纹分隔为内中外三区，再由钮座向外放射出的八条凸棱将内区与中区八等分。内区按逆时针顺序依次铸有"天门、天盗、天官、天阴、天宫、天阳、天财、天贼"的铭文，并配有与这些铭文对应的"吉"或"凶"的判词。中区内则铸有与上述分区铭文对应的历法时日，如天门对应的是"一日、九日、十七、廿五"，天盗对应的是"廿四、十六、八日"等。最外区在四角铸有云纹，云纹外为一周连珠纹。宽平素镜缘。镜背的纹样是当时流行的"出行择日吉凶法"占卜的图示[①]。梁氏此镜相比于唐出行占卜镜，占法似乎更简单，可能时代要晚，但因缺少参照，无法具体断定。

---

① 忻州地区文物管理处：《唐修容县令高徵发掘简报》，《文物季刊》1998年第4期。

52　南唐石十姐鏡　有識

　　葵花六瓣，兩末相距四寸八分[①]，重九兩八銖[②]。邊圍可二分弱，稍凹。全體平素。右作方格而中分之，識分兩行，凡十有二字，正書曰"湖州石十姐摹練銅作比照子"。予嘗見姚雪逸司馬衡藏一器，有柄，識曰"湖州石念二叔照子"，又見兩拓本，一云"湖州石十五郎練銅照子"，一云"湖州石十四郎作照子"并與此大同小異。此云"十姐"，則石氏兄弟姊妹咸擅此技矣。云'照子'者亦惟石氏有之。古不過稱'鑑'稱'鏡'而已。石氏南唐人，據姚司馬考之如此，然湖州時已入吳越，領烏程、德清、安吉、長興（卽長城，避梁諱改，餘皆舊縣），且五代終始未嘗爲他國所有。南唐則江都、江寧、南昌三府爲三都外，餘爲雄、楚、泗、滁、和、光、黃、舒、蘄、廬、壽、海、泰、濠、潤、常、宣、歙、鄂、池、饒、信、江、撫、袁、吉、虔、筠二十八州及雄遠、建武、江陰、天長四軍。清江一縣雖犬牙交錯，而湖州卒未一日歸李氏也。

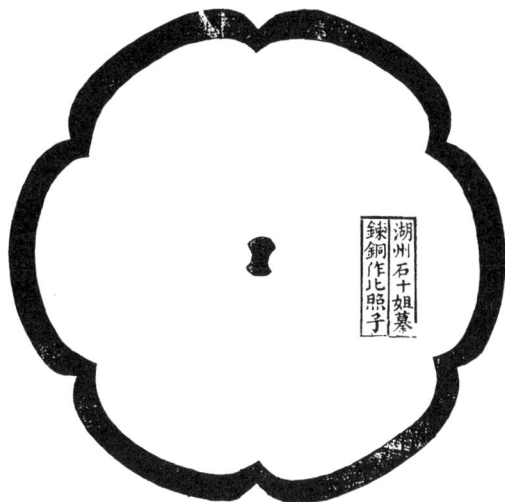

梁氏所录"南唐石十姐鏡"

---

① 该镜直径约合154毫米。

② 该镜重约344克。

然司馬為秋農尚書哲嗣，淵源家學，考據自有確而可據者。況居近其地而金石尤有癖嗜，所言當不誤。豈石氏本籍南唐，而設肆行藝於湖耶？司馬客粵，久在怡越亭制府幕中，以世誼過從甚密。辛丑夷事起，運籌磨有茂著成勞。迨予自潮郡奉調西還，司馬已從制府移閩，不復一晤。今為此譜，未穰面質其考證所從來，姑用其說擊此於南唐，附記所自而已。

－图 考－

北宋"湖州照子"铭葵花素镜

　　根据梁氏的描述，此镜实为宋镜，并非南唐镜。"湖州石家"镜是宋代最为著名的铸镜世家，北宋晚期已经驰名天下，至南宋尤为繁盛。笔者未曾见过梁氏所著"湖州石十姐"款镜，如果梁氏此镜铭文摹绘无误，此款当属罕见品种，梁氏著录为后人研究留下了宝贵史料。但梁氏著录中的"湖州石念二叔照子"则比较常见，陕西历史博物馆收藏有一面陕西蓝田北宋吕氏家族墓地出土湖州石家镜，可兹比较。该镜直径195毫米，重705克。镜为八出菱花形，镜钮已残，素镜缘。镜钮右侧有一直书长方形印记，楷书三行，上书"湖州南庙前街西石家念二叔真青铜照子记"[1]。宋代商品经济繁荣，铸造铜镜的名家很多，各家纷纷在铜镜上铸自家名号，标明产地、姓氏，以作为宣传。旧时研究多认为铜镜称"照子"以避宋太祖祖父赵敬的名讳是自南宋开始的，从北宋晚期吕氏家族墓中出土的这面铜镜可知，自北宋晚期这种情况已经出现了。梁氏根据友人姚雪逸考证将其定为南唐，其考证今已不存，故难知其细节，从今天的考古发现看，虽不准确，但也相去不远。

---

① 呼啸主编：《文物陕西（铜镜卷）》，陕西师范大学出版总社，2018年，第181页。

藤花亭镜谱

53 宋摹日光鏡二 有銘

　　徑四寸①，重十有二兩二銖②。沿邊無圍。週作陽文如半月形者凡十有六，雙文四乳，各間以夔龍，工巧中饒有古致。內疊方圍二，中以龜形作紐，紐外密排斜畫為方格。銘凡十有二字，篆書曰"見日之光，天下大昀，用宜君公"。四方方各四字，讀從左旋，"宜"字下畫倒裝於首，古無其體，惟漢軹字甋"容"字加畫於上，作"𡨥"，長宜子孫鏡"宜"加直筆於下，作"帠"。此旣摹古，則其結字亦當有所本也。數經磨擦，故背光之亮幾如其面。嘗見六朝一鏡，文制並與此器無異，惟銘無末語，故方各二字

梁氏所录"宋摹日光镜"

---

①　该镜直径约合128毫米。

②　该镜重约445克。

位置稍殊。又四隅方格中各着界畫，文飾亦自不同此，為宋人做古，各增其文，今以篆法定之也。

— 图 考 —

汉"见日之光"四乳龙纹镜

根据梁氏的著录及附图，此镜应为汉镜，并非宋人仿汉镜。汉镜中龟钮较少，以梁氏描述之镜形、纹饰与铭文，笔者未见完全一致之镜，《汉镜铭文书法》一书中所藏一面铜镜大相仿佛，可兹比较。该镜直径202毫米，重730克。蛙形钮，方钮座，钮座外为方形铭文带，铭文四字一句，共四句，十六字，内容为"见日之光，服者君卿，千秋万岁，愿毋相忘"。铭文带外为纹饰区，花瓣形四乳间隔八组龙纹，十六连弧镜缘[1]。梁氏所著镜比此镜尺寸小，故铭文图案均有减省。

梁氏完全依靠铭文对此镜进行断代，难免存在不足。但相比于此镜，梁氏在后面叙述另一面纹饰类似的铜镜时，提出了一个非常重要的观察，"又一器，寸度、文制悉同，而铜质新白，当是明代所仿"。这说明清代收藏家已经注意到明代有一种铜镜，铜色亮白，但是它们并不是汉、唐镜，而是明代白铜为材质的仿古镜。这一点对今天的铜镜鉴定依然有着重要的意义。今天许多博物馆仍然存在一部分铜色白亮，纹饰看起

---

① 王纲怀：《汉镜铭文书法》，中西书局，2016年，第92页。

来为汉、唐时期，又没有铸造店铺或匠人戳记，但纹饰模糊，镜钮顶部较平的铜镜被定为汉、唐镜，其中相当一部分实际上是明代白铜质的仿镜。梁氏的观察也为我们今天的辨别提供了重要的依据。

又一器

度畧狭，夔單文，而銅質新白，當是明代所做，故沿邊規如半月者，一經磨擦一一可鑑，四夔龍亦玲瓏透剔，不過高凸處稍遜原制耳。惟銘詞篆法旣弱，且更模糊，不甚可觀。蓋取原鏡作范而未能於篆文加之意，則出拙工所為矣。

按此鏡於例宜入明代諸器內，今以蠟模與前器同一板印，不過新舊懸殊，式度無須複述，且定為明鑄，亦屬懸揣之詞，今以類相從附載於此，便考證焉。與摹有之鏡同。

梁氏所录"宋摹日光鏡"又一器

54　晋仙人觀瀑鏡　有識

　　徑四寸九分[①]，重十有五兩五銖[②]。邊圍可二分。凹下一圍，夾以二陽線，其中流泉清湛，疊石為平臺，一人坐其上，翹首仰眺目注前瀑，衣帶飄搖道骨仙風，宛然如見。後一童作斂手侍立狀，亦仰面遠觀。童後有竹數竿，雙鉤極瀟洒之致。微雲起於竹杪，雲端雙雁鼓翼翱翔，臺側芝草一披雙莖。水際荷花正開，葉側吐芽，短荻縈錯，疏枝右則，巨石掃流，苔點蒙茸。上有懸崖，草叢風偃。一瀑界石飛流而下，至巨石之面為積苔所掩，再起一疊，作怒泉噴出，直注平川。紐在其中。如許境界，宜乎逼塞蒲

梁氏所录“晋仙人觀瀑鏡”

---

① 　该镜直径约合156.8毫米。

② 　该镜重约559.7克。

幅矣。然計其空曠，尚十之三四，則其繪寫之妙，位置之工，出於匠心獨運可知矣。背平處，光如受磨。日正細審，當中有識，橫寫，正書曰"張造"二字。通體並陽文，惟此用陰畫，且細如毫髮，所最易忽者。紐及人物面龐、胸腹全以揩觸，見精銅本色矣。所鑄筆意，一一與晉真子飛霜鏡合，作於司馬氏之世殆無疑義矣[①]。

-图考-

明"尚家造"高士观瀑镜

根据梁氏著录及附图，此镜应为明代镜，并非晋代。通过对比，梁氏著录的这面铜镜与1958年江西新建县明英宗正统十四年（1449）宁献王朱权墓出土，现藏于江西省博物馆的明"尚家造"高士观瀑镜非常相似[②]。该镜直径182毫米，重1040克。所不同之处在于，梁氏所著之镜铭文为"张造"，而此面铜镜右侧镜缘处线刻"尚家造"三

---

① 此句"纽及人物面庞……作于司马氏之世殆无疑义矣"，国图藏徐行可本无，见于《续四库全书》本，细审文意，与此镜相合，特据以补录于此。

② 呼啸：《隋至清中国纪年铜镜图典》，陕西人民教育出版社，2017年，第330页。

字。这类铜镜以往多认为属于宋金时期，从近年来考古发现的铜镜看，其流行时代当定在元明时期更为准确。

　　以今天的考古发现验证，梁氏对此镜的断代显然有误，他根据铭文的正书字体及画面的风格将其定位为晋，实际上，晋代铜镜风格全非此种。但是，梁氏对镜背画面的描述却简洁、准确而且富有诗意，不多字句就将画面的意境描述得宛如在眼前，值得钦佩。

55　宋官鏡　有銘識

　　徑四寸二分①，重九兩五銖②。柄長三寸五分③，中寬八分④。沿邊一圍，下作半月形，上空處居器十之四。兩邊稍斜，至中作八字形，上下並排有密點，餘作縱橫斜格如棋局，而兩面相對，每格勻分四點，視空處密點大且五六倍。識以一"官"字位其正中，橫直可二寸許，第一筆"點"用雲篆，次三筆亦行以篆法，圓拱而下，至收處則變陡，八分體中"𦣞"又易以楷法，此與洪氏《隸續》所載"巴官鐵盆"銘"官"之上點中空

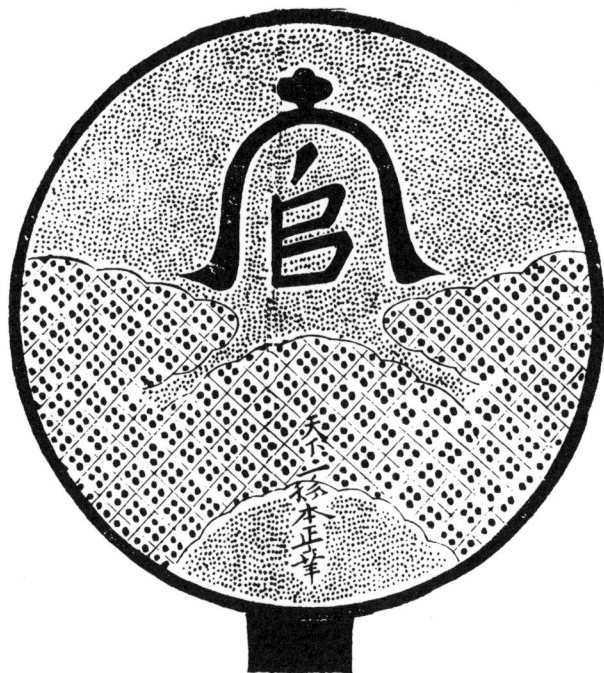

梁氏所录"宋官鏡"

----

① 该镜直径约合134毫米。

② 该镜重约339克。

③ 该镜柄长112毫米。

④ 该镜柄宽25.6毫米。

外圓者同一奇異。別有銘在月形之中，凡七字，行書，一至三以在方格內，遂與格點相混，然細審尚可辨曰"天下一□本正辛"，惟第四字物泐甚，非可以意測。"芊"疑卽"年"字。曰"官"者，似職司鼓鑄製造官物之員所備，應奉而作者，若漢之"尚方鏡"唐之"宮鏡"皆進御之物也。嘗見明宣德爐，識有"工部鑄造官臣某製"，意或有所本，特古今質文不同耳。

－ 图 考 －

根据梁氏著录及附图，此镜并非宋镜，实为日本和镜，时代约相当于我国的明代晚期。笔者未见到与此一致之镜。中国古代铜镜主要为镜背中央置钮的具钮镜，大约在唐代，具柄镜已传入中原，但数量极少，至宋代才广泛流行起来。

56　宋虎鏡　有銘

　　徑五寸二分[①]，柄長三寸[②]，中寬一寸[③]，沿邊二圓。重十有五兩九銖[④]。下作土坡，苔點草莎，饒有畫意。其上樹竹三株，幹葉皆作雙鈎，幾个篁簜蕭疏可愛。左馳一虎，張口竪尾，作跑突搏嚙狀，勢絕兇猛。質地空處，密佈細點如粟。銘凡六字，行書曰"天下一作淚乎"，體帶草意，第五字"戶"下稍泐，惟左"水"旁、右邊一"點"甚

梁氏所录"宋虎鏡"

---

① 该镜直径约合166毫米。

② 该镜柄长96毫米。

③ 该镜柄宽32毫米。

④ 该镜重约566克。

明，若作"渡"則右無"點"矣。然文義殊不可曉。意其時有虎患，又或傷於苛政而憤時嫉俗未敢明著於言，乃假是器以達之，理或然歟。凡有柄之鏡，無所用紐，故不復作。此種鏡漳、泉、潮、惠[①]、流傳至多，予東行得此於潮郡，一方外所贈也。其後又從市上得數具，就中鑄文不一，而平鋪密點則大段相同。識語每冠以"藤原"二字，初不知出誰氏手，偶見一具無柄而有圓紐者，鑄作工妙，與此種確同一人手蹟，紐上有正書曰"林星日製"四字，而後知鑄者名姓。以銅質、色澤驗之，與宋人倣古鼎彝無異，斷非明以後物。但不知凡加柄諸器之果盡出林製？抑工藝以相師而肖？是未可知矣。曩見王見大文誥藏數柄，云借夢樓太守文治冊封琉球時得於彼國，國人謂趙宋時所鑄，意自東洋流至潮郡爰以次此。

- 图 考 -

明"天下一"虎纹和镜

---

① 指今天福建省的漳州、泉州与广东省的潮州、惠州。

根据梁氏的著录及附图，此镜应为日本和镜，并非宋镜，时代约为明代。仪征博物馆藏一面镜比较类似，惟柄已残，可兹比较。该镜直径126毫米。柄残，镜背主体纹饰为一虎躬身翘尾，行走于上坡之上。镜最左侧铸铭文"天下一作后守"[1]。此类铜镜为日本和镜常见纹饰，但虎之姿态不同，铭文前段多为"天下一"，后段则有不同[2]。梁氏虽然对此镜断代有误，但他的记录对于后世研究仍然具有价值，特别是两点，一是他提到"此种镜漳、泉、潮、惠、流传至多"说明此类日本和镜主要多见于沿海口岸，也恰恰是这些地区最早开始仿造这些和镜；二是他提到曾"偶见一具无柄而有圆纽者，铸作工妙，与此种确同一人手迹，纽上有正书曰'林星日制'四字"其实就是当时人仿造和镜的重要证明。

---

① 仪征博物馆：《仪征馆藏铜镜》，江苏美术出版社，2010年，第158页。
② 王纲怀：《清华大学藏日本和镜》，清华大学出版社，2011年，第130页。

57　宋獏鏡　有識

　　徑三寸^①，重七兩六銖^②。柄長二寸四分^③，中寬五分^④。沿邊一圍。中有樹，不知其名，幹用沒骨，葉用雙鈎。一識，正書'獏'字，藏葉中，橫直可寸許，故露葉不多。空處仍週作密點。字左'犬'旁末筆作倒剔，點畫圓秀，絕似趙吳興倣李北海書，不

梁氏所录"宋獏鏡"

---

①　该镜直径约合96毫米。

②　该镜重量约合266.8克。

③　该镜柄长76.8毫米。

④　该镜柄宽16毫米。

知出何人筆。以當時錢文用米海岳書例推之，自索諸善書者，決非尋常市工所有矣。字為《說文》諸書不載，獨《康熙字典》收之，云"獸名"，不引所出也。為器雖小而寒光閃爍射人眸子，可貴在此。

-图考-

明獏纹和镜

根据梁氏的著录及附图，此镜应为日本和镜，并非宋镜，时代约为明代。笔者未见到与此一致之镜。梁氏此獏镜铸一铭文"獏"字，清华大学艺术博物馆藏有一面獏纹和镜，可兹比较。该镜镜面直径178毫米，柄长93毫米，重384克。镜背上部铸一扇形开光，内饰桔徽，镜背主体为一怪兽形象，即神话中的獏。左侧四字铭文"藤原光长"[①]。自然界中的獏是奇蹄目、獏科的哺乳动物。形体似犀而矮小，尾极短，鼻略长，曾广泛存在于华北、华南的广大地区，我国商代及西周的青铜器中多有它的形象。现只存在于东南亚及美洲热带的少量地区。由于獏后来逐渐消亡，它渐渐被神话为一种神兽。唐代白居易《獏屏赞》云"獏者，象鼻犀目，牛尾虎足，生于南方山谷中。寝其皮辟瘟，图其形辟邪"。这件獏镜中的怪兽，象鼻、虎足、牛尾，周身遍布火焰，正是人们想象中辟邪的神兽獏。

---

① 王纲怀：《清华大学藏日本和镜》，清华大学出版社，2011年，第132、133页。

58　宋春柳水仙鏡　有銘識

　　徑五寸二分[①]，重六兩二銖[②]。沿邊一圍入五分，純素。凹下一圍，其內全用陽文鈎勒。左側水仙二叢，花葉皆雙鈎，一柳乘條柔延綺媚，其上別一小圓圍，徑可二寸許，中篆一"寶"字爲銘。紐有環線，識在其內，形製質色並與今所收宋寶鳳山花鏡同，惟識題鑄人則異，彼題"蔡咸玉製"，而方各一字，空其中如錢交，讀從左旋。此則兩行，行各二字，順文直下，雖范鑄模糊，然第二行爲"鋪製"二字則猶可審而得之。前二字似是"泰興"，特挑藥斜睨髣髴其形似而已，稍涉大意，則四字均難辨認矣。

梁氏所録"宋春柳水仙鏡"

---

① 該鏡直徑約合166毫米。

② 該鏡重約224克。

图 考

清"宝"字铭花卉纹仿和镜

　　根据梁氏的著录及附图，此镜应为清代初仿和镜，并非宋镜。复旦大学藏有一面类似铜镜，惟镜钮铭识不同，可兹比较。该镜直径185毫米，重562克。镜钮上方圆形铭文框内书一"宝"字，镜背主体纹饰为花卉纹，左侧乱石上两株花卉，右侧岩石上一株盘曲的柳树。镜钮上四字铭文排列如钱文，铭文模糊，只能辨识一字"何□□□"①。

---

① 复旦大学博物馆：《龙照光华：复旦大学藏青铜镜》，上海书画出版社，2020年，第78页。

59 宋龜鶴松竹鏡　有銘識

　　徑四寸五分①，重六兩三銖②。沿邊一圍隨四下，純素，可四分。又一圍，中作小坡石，三竹一松與爲掩映，一鶴舒翼而立，其一則反爪飛翔。千歲老龜，伸頸延長如就鶴語。上一方格可二寸許，隅向上下，中有陽文小花作對放狀。蠟模工鑄均不甚玲瓏，然空處隱隱密排細點，銘在器之左，四字正書曰“藤原光長”。識在中紐圓平之上，而以圓環之，亦正書四字曰“方仰名造”。此鏡上加小圓格，與今所收宋仙山樓閣鏡意同，特彼圓而此方差異。方格又與小葵花鏡正同，特彼大而此小亦異。然要是同源別

梁氏所録“宋龜鶴松竹鏡”

---

① 該鏡直徑約合144毫米。

② 該鏡重約225克。

派，予偶見宋鏡有"藤原"字，識稱星日林氏，因於宋虎鏡、小葵花梅竹二鏡，據"藤原光長"四字先定為林作，適小葵一器，日照恰放圍光，遂又疑其銘，特取"光長"義文似專爲一器作者。今此鏡成於方氏，而四字乃與二器從同工，鑄又不及前數鏡遠甚，豈方氏做為之耶？存疑可矣。

─图考─

明至清"藤原政重"铭蓬莱纹带柄和镜

　　根据梁氏的著录及附图，此镜应为明清时期仿和镜，并非宋镜。笔者未见与梁氏所著完全一致的铜镜，清华大学艺术博物馆藏有一面纹饰类似的和镜，可兹比较。该镜为带柄镜，直径239毫米，柄长97毫米，重966克。铸造精良，镜背下方右侧是岸边的一丛山石，一棵苍劲的松树与三株翠竹错落掩映，松树下一只鹤站立张口，似在鸣叫。树顶空中，一只鹤正回首翱翔。左下方水浪翻卷，浪花之上一只神龟游于波涛之上，昂首似乎正在与岸边的鹤呼应交流。镜背左侧近镜缘处铸一列铭文，内容为"天下一藤原政重"①。有学者研究认为此类以"松、竹、龟、鹤"等纹饰题材为主的和镜为蓬莱纹镜，其思想理念源自中国，之后在日本发展成为铜镜中的一种主流纹样②。和镜中类似纹饰很多，只是松竹龟鹤的位置、情态有所区别。梁氏所著的应该就是"方仰名"以此类和镜仿制的。难能可贵的是，梁氏虽然对其时代判断有误，也不知其所本为和镜，但他根据两种铭文的不同及铸造粗糙的现象提出了这件铜镜可能为仿制的疑问，这一认识是具有开创性的。

---

① 王纲怀：《清华大学藏日本和镜》，清华大学出版社，2011年，第73页。

② 王纲怀：《日本蓬莱纹铜镜研究》，上海古籍出版社，2008年，提要，第8页。

60　宋小葵花鏡　有銘

徑四寸六分[①]，重五兩八銖[②]。柄長二寸八分[③]，中寬九分[④]。沿邊一圍稍凹。正中一方格，縱橫各二寸，四角凹入處正對器之上下左右，用陽文雙鈎作三葉，葉各一花，中高旁殺，格內外凡空處卽散佈密點，其細與今所收大葵花鏡同。銘在器左，凡四字，正書曰"藤原光長"。映向日中，則方寸圍格內其光圍結如火炬，為四周光影之所不逮。意所云"光長"者，義或指此。然觀龜鶴與梅竹二鏡，銘字同而名識異。則此鏡非有意為之，且他鏡之出"林星日製"者，識亦有"藤原"字，當同出一源，而非成於一手矣。

梁氏所录"宋小葵花鏡"

---

①　该镜直径约合147毫米。

②　该镜重约196克。

③　该镜柄长90毫米。

④　该镜柄宽29毫米。

-图 考-

清五三桐徽纹带柄和镜

　　根据梁氏的著录及附图，此镜应为清初的和镜，并非宋镜。清华大学艺术博物馆藏有一面类似镜，可兹比较。该镜直径239毫米，柄长98毫米，重943克。镜背以一周素面宽带分隔为内外两区，内区饰五三桐纹，三叶三花，外区为细密篦点纹，左侧近镜缘处铸一列铭文"天下一藤原政重"①。日本自"战国时代"②以来，许多贵族家族大量使用家徽纹样，其中梧桐叶是比较有代表性的，所谓"五三桐"就如上图，是指中间一个五叶桐树叶，两边各一个三叶桐树叶的形象，据传为"战国时代"丰臣秀吉家族的家徽。但在此镜制作的18世纪，应作为装饰纹样使用，并非一定是丰臣家族后代的定制。

---

① 王纲怀：《清华大学藏日本和镜》，清华大学出版社，2011年，第159页。

② 日本战国时代（1467～1600或1615），一般指日本室町幕府后期到安土桃山时代的这段历史。

61 宋梅竹鏡 有銘

　　徑四寸[①]，重三兩七銖[②]。柄長二寸六分[③]，中寬五分[④]。沿邊一圍。上下細竹二叢，皆雙鈎，个數極分明。中有老梅一株，影瘦骨寒，與竹葉掩映，橫斜挺出箟簹之表，蓋取"竹外一枝斜更好"詩意，而想像其神態為之，體物之工不讓坡仙獨步。鑄者大率

梁氏所录"宋梅竹鏡"

---

①　该镜直径约合128毫米。

②　该镜重约121克。

③　该镜柄长83毫米。

④　该镜柄宽16毫米。

在紹聖、元祐後矣。空質亦加細點為之烘託。銘凡四字，正書稍模糊，然尚可辨曰"藤原光長"，與所收之小葵花鏡正同。對日照之，光影平勻，不若小葵器之能斂聚一處也。彼明有聚光可指，尚以他銘復見之故，不能謂銘緣器起，強歸林製，況光影如常者耶。就同銘數器，彼此互勘而後源同派異之說益明。

-图 考-

清葵徽梅竹纹带柄和镜

　　根据梁氏的著录及附图，此镜应为清初的和镜，并非宋镜。清华大学艺术博物馆藏有一面类似镜，可兹比较。该镜直径150毫米，柄长94毫米，重339克。镜背下部左侧是一片水波纹，右侧山石突出于水上，石上数株翠竹，中有一粗大竹竿，应是两种不同的竹子。左侧一只老梅，枝干苍劲，花朵繁密，旁逸斜出临于水上。最左侧近镜缘处铸铭文"藤原福尚作"。镜背上部圆形小宽带内铸三叶葵徽[①]，三叶葵徽据传是德川家康家族的纹样。梁氏所著之镜没有家族徽章纹样。

梁氏对和镜并不了解，故而虽然看到和镜或仿和镜，也只从画面的画意对其进行经验性的断代，但作为首次大量著录和镜的第一人，这些著录对了解当时和镜在中国的流布及国人的仿制仍然有重要价值。

---

① 王纲怀：《清华大学藏日本和镜》，清华大学出版社，2011年，第164、165页。

62 宋山水松雲鏡　有銘

　　徑四寸二分①，重十有一兩七銖②。柄長三寸③，中寬九分④。沿邊一圍。中作小景山水，斧劈石數疊，清泉繞其下排綴，松株僅露梢頂。稍高一磴，則古松天矯，髣髴畫院中劉松年法。絕頂一浮圖突出雲際，最後遠峯反在其下，有橋橫水，渡橋而右，復

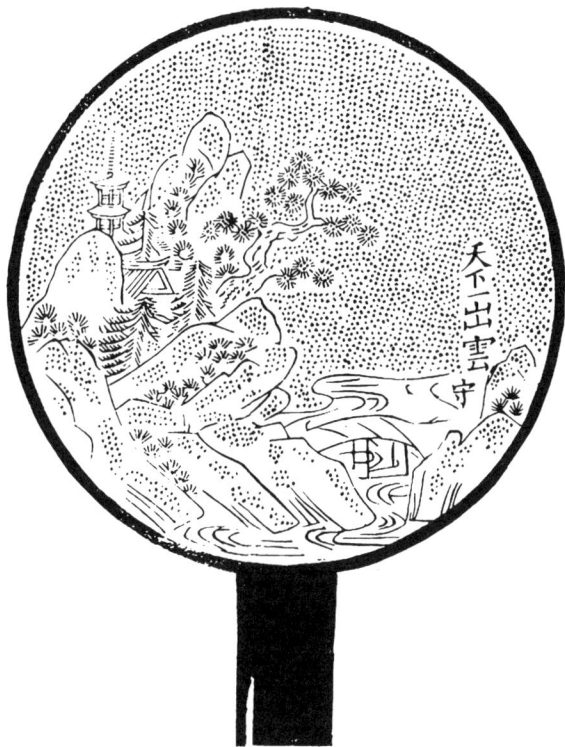

梁氏所录 "宋山水松雲鏡"

---

① 该镜直径约合134.4毫米。

② 该镜重约415.5克。

③ 该镜柄长96毫米。

④ 该镜柄宽28.8毫米。

有松石苔點錯落於雲水相間中。鈎抹細利，倘加以青翠，描以金碧，便居然一小李將軍得意筆。畫理、家法兩得其妙如此，當時必倩名手為之，或縮摹院本，不然工藝匠作之輩卽畧解八法，亦安能深知其意為是工力雙絕之小品宮扇耶。境界旣已居器十之八，以故空地絕少，然猶綴以密點，未嘗因其少而並刪之，蓋鑄者體式在此，所以自別於他工亦在此也。銘在器右，凡六字，正書頗歪斜，曰"天下一出雲守"令人徒費十日思，無緣索其解也。

- 图 考 -

　　根据梁氏的著录及附图，此镜应为清初的和镜，并非宋镜。笔者并未见到完全一致的铜镜。

63 宋大葵花鏡　有銘

　　徑四寸七分^①，重十有一兩八銖^②。柄長三寸三分^③，中寬九分^④。沿邊一圍。其內作三葉三花，皆陰文。中花高出，一莖直上，旁小朵兩兩相對，具反正向背之妙。左右兩花並為葉掩，法用雙鈎筆意，惟黃筌、徐熙方可辨。此似出摹倣，未必鑄工所能也。空處悉作密點，其細若塵。凡此種鏡作細點者，語其至小不過曰"如粟""如芥"而

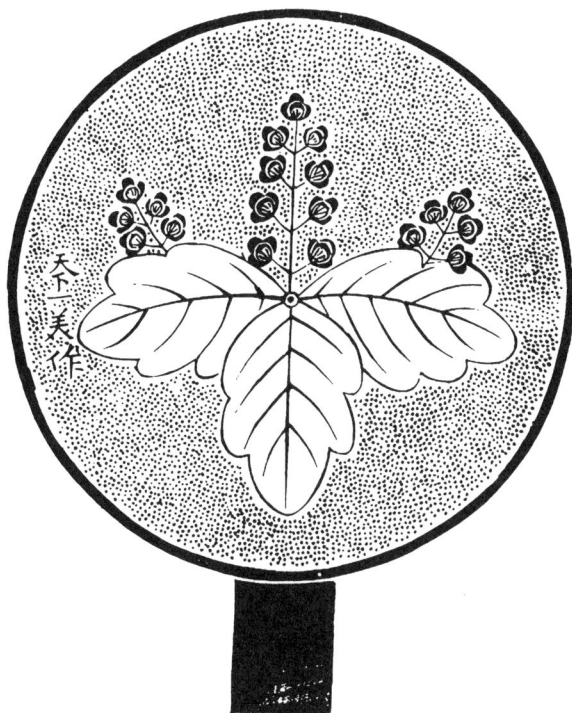

梁氏所錄"宋大葵花鏡"

---

① 該鏡直徑約合150.4毫米。

② 該鏡重約417克。

③ 該鏡柄長105.6毫米。

④ 該鏡柄寬28.8毫米。

止，此尤其細之細者，真覺窮於罕譬。又柄備人握，恐散點棘手，故令淨素，凡有柄者類然，不獨此種，更不獨此器也。銘在其左，凡六字，行書曰"天下一美人作"，語亦過求奇詭，釋揣其意，非寓"解語"之喻，卽謂簪戴人非至美莫稱矣。"天下"之不通文義偏好拈美筆墨者往往如斯。彼固道其所見，而不自知其出語之可哂，從古以來堪發浩嘆者難屈指計矣。

-图 考-

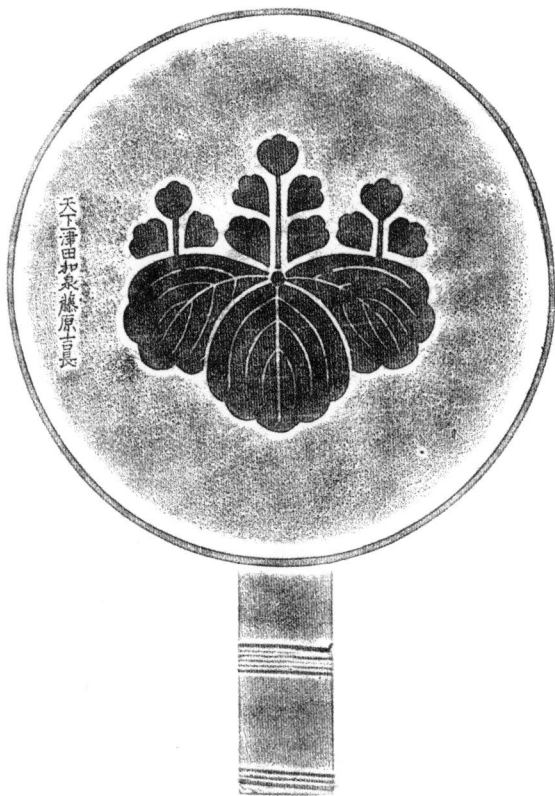

清带柄和镜拓片

　　根据梁氏的著录及附图，此镜应为清初的和镜，并非宋镜。笔者曾见有一面类似镜，可兹比较。该镜直径238毫米，柄长100毫米，重1015克。镜背中心饰五三桐纹，镜缘左侧铸铭文，内容为"天下一津田和泉藤原吉长"[1]。

---

　　① 《和秉汉源——新美域和镜博物馆藏和镜精选》（内部资料），"五三桐纹柄镜"条。

64 宋桃花鏡　有銘

徑四寸^①，重七兩五銖^②。柄長三寸^③，中寬寸有三分^④。沿邊一圍。當中作巨株夭桃，子結纍纍，與葉互為參錯。一株橫出向左，其右稍缺處，補以綿芊芳草，亦通身勻綴小點。銘在器左，凡五字，行書曰"天下一美作"，語與今所收大葵花鏡相似，此

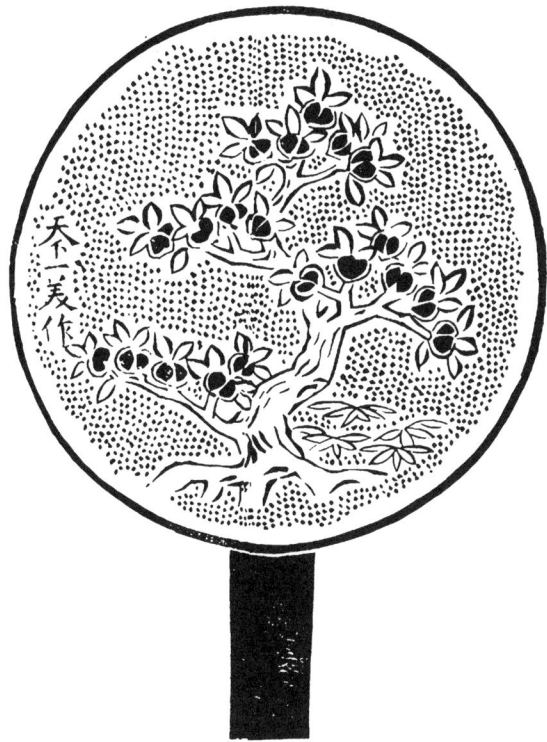

梁氏所錄"宋桃花鏡"

---

① 該鏡直徑約合128毫米。

② 該鏡重約265克。

③ 該鏡柄長96毫米。

④ 該鏡柄寬41.6毫米。

"美"下獨無"人"字。予於葵花鏡已疑所識為歆美彼美之詞，矧以此之嫣然笑風，尤非樊素巧倩之口不足以當之，兩相取證而義益顯矣。

－图 考－

清南天纹带柄和镜

　　根据梁氏的著录及附图，此镜应为清初的和镜，并非宋镜。清华大学艺术博物馆收藏有一面类似铜镜，可兹比较。该镜直径90毫米，柄长70毫米，重174克。镜背主体饰三株阔叶植物，并结成串小果。此植物称为南天，日本神话传说中认为它的果实具有治疗疾病、强身健体甚至长生不老的神秘功效。镜缘左侧铸铭文，内容为"西村因幡守藤原吉重"[①]。

---

　　① 王纲怀：《清华大学藏日本和镜》，清华大学出版社，2011年，第152、153页。

65 宋辛卯科鏡 有識

　　徑三寸四分①，重七兩三銖②。邊四分，質並純素。中有圓紐，兩邊作方長格二，各長寸有六分，橫八分。首尾並分作覆仰芙蓉花形，亦類佛龕之寶蓋。識凡六字，正書右曰“辛卯科”左曰“湘谷記”。湘谷者似字非名，不知為何許人，豈以辛卯得第，命工鑄此意，為文飾以為芙蓉鏡下之券耶？果爾，則科名佳話洵足。摩挲以銅色驗之，當是趙宋物。其長格首末花瓣雖與今所收明洪武龍鏡之側列直格納銘其內首寶蓋而末花瓣者其製畧同，然此不過倣佛氏‘幢幡’之式，以洪武鏡校之，則此舊彼新，固不必以是區區者濫疑其同出一時耳。

梁氏所录 “宋辛卯科鏡”

---

① 该镜直径约合108毫米。
② 该镜重约262克。

-图 考-

明"湖州孙家"素镜

根据梁氏的著录及附图，此镜应为明代铜镜，并非宋镜。在铜镜上饰荷花宝盖形铭文框宋代已有，绍兴博物馆藏有一面宋代"相州张家"款镜即是一例[1]，镜钮两侧各置铭文框的做法宋代也已出现，但其铭文框为长方形，如清华大学艺术博物馆藏"湖州石十郎铭葵花镜"，左侧长方形双行铭文框书"湖州石十郎真炼铜无比照子"，右侧长方形单行铭文框内书"炼铜照子每两壹佰文"[2]，但宋代目前并未见两侧均为荷花宝盖铭文框的铜镜。

目前所见两侧俱以荷花宝盖铭文框书铭文的铜镜见于明代，蚌埠市博物馆藏有一面"湖州孙家"素镜可兹比较。该镜直径82毫米，重56.5克。银锭形钮，镜背素面，镜钮两侧各一荷花宝盖铭文框，右侧内书"湖州孙家"，左侧内书"青鸾宝鉴"[3]。梁氏所著之镜或与此镜类似，为明代镜。

---

① 张宏林著，绍兴博物馆编：《鉴影觅韵：铜镜中的文化与故事》，文物出版社，2015年，第201页。

② 清华大学艺术博物馆：《必忠必信：清华大学艺术博物馆藏铜镜》，上海书画出版社，2017年，第130页。

③ 蚌埠市博物馆：《蚌埠市博物馆铜镜集萃》，文物出版社，2014年，第210页。

66　宋文奎鏡　有銘識

　　徑四寸①，重五兩一銖②。無邊圍。中作方印，識曰"何仰溪造"，曰"文奎戊午年記"。正書意與前器所鑄之辛卯科鏡同。

梁氏所录"宋文奎鏡"

- 图 考 -

　　根据梁氏的著录及附图，此镜应为明代铜镜，并非宋镜。"何仰溪"为铸造师名号，笔者未见"何仰溪"款，明代晚期多见"薛仰溪"款，"文奎"应是订制者称呼。"戊午年记"为铸镜年份，明代共经历五个，分别为明洪武十一年（1378）、正统三年（1438）、弘治十一年（1498）、嘉靖三十七年（1558）、万历四十六年（1618），以嘉靖三十七年和万历四十六年的可能性最大。

---

　　①　该镜直径约合128毫米。
　　②　该镜重约185.5克。

67　宋年年太平鏡　有銘

　　徑寸有六分①，重七銖有半②。沿邊一圍，畧帶凹意。蓋器小而薄，雖凹下尚不及分。質地純素。銘凡四字，正書曰"年年太平"。文從上而下而右而左讀，如今制錢文。背着積塵，色盡黯矣。宋元之物，雖其當時先入土中，取出已綠花四佈，究之鬆澀易脫，故稍一粘着則全體皆壞，置諸無用。非若漢唐以上諸器之土蝕甚者，大用雖失而其翠羽朱斑尚可作骨董論，供士夫雅玩也。

梁氏所录"宋年年太平鏡"

---

① 该镜直径约合51毫米。
② 该镜重约11.5克。

图 考

明 "天下太平" 小镜

　　根据梁氏的著录及附图，此镜可能为明代镜，并非宋镜。济南市博物馆收藏有一面小镜与此类似，该镜直径78毫米，重51克。镜钮上下左右各铸楷书一字，合为"天下太平"[①]。与梁氏所著镜铭文有两字不同。此类镜以明代多见，多铸造得小而轻薄。

---

① 何民主编：《济南市博物馆馆藏精品·铜镜卷》（下），山东美术出版社，2017年，第225页。

68　宋長命富貴鏡　有銘

　　徑寸有二分强[①]，重三銖[②]。沿邊一圍，仰竹而下。又一圍，方各一字，合為銘。銘凡四字，隸書曰"長命富貴"，以今制錢文式讀之。此質色與今所收小十二屬鏡同，映日照之，並能攝斂其光於中央。顧其紐孔，已不能平對上下方矣，然亦惟宋以後鏡始不講此古鑄。縱或有之，不過一時偶誤而已。近時民間贈嫁鏡或兒女壓勝諸小品，恆鑄刻此四字。贈嫁或曰"百子千孫"，或曰"百年好合"。壓勝或曰"子孫富昌"，或曰"諸邪遠避"。然不若此四字為至多而習見，大率奉此鏡為鼻祖也。

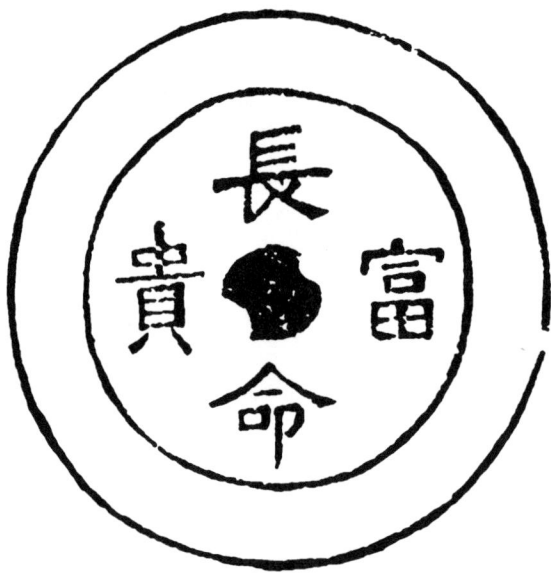

梁氏所録"宋長命富貴鏡"

---

① 該镜直径约合38毫米。

② 該镜重约4.6克。

图考

明"长命富贵"镜

根据梁氏的描述，此镜可能为明代镜，并非宋镜。常德博物馆收藏有一面铜镜，与此镜类似，惟尺寸更大。该镜直径172毫米，重350克。小圆钮，镜背纯素，镜钮上下左右各一字铭文，合为"长命富贵"[1]。汉代铜镜中即有"长命富贵"铭连弧纹镜，宋代亦有，然此种如铜钱大小的铭文小镜则多见于明代。

---

① 常德博物馆：《常德出土铜镜》，岳麓书社，2010年，第213页。

69 宋五福雙喜鏡 有識

　　徑四寸二分①，重三兩七銖②。柄長二寸五分③，中寬六分④。中邊凡二圍，第二圍徑二寸四分。正書"囍"字，偪塞圍徑，其外則環以五蝙蝠。柄上距次圍中間空處別一圍，方可七分許，識在其內，凡六字，正書曰"湖洲薛惠公造"，非名卽字殆不可考。至於湖州之鑄則傳世已久，'石''薛'兩家尤其名之顯著者，小說家言張果老為千年蝠，蝠蓋物之壽者，而'蝠''福'同音，故近人義取祥瑞，往往於贈嫁之物摹倣此

梁氏所录"宋五福雙喜鏡"

---

　①　該鏡直徑約合134毫米。
　②　該鏡重約121克。
　③　該鏡柄長約合80毫米。
　④　該鏡柄寬約合19毫米。

镜，小兴大同。见者几视如"五子登科"如"百寿团圆"，不复再分古近，今亦以其质别之而已。

一图 考一

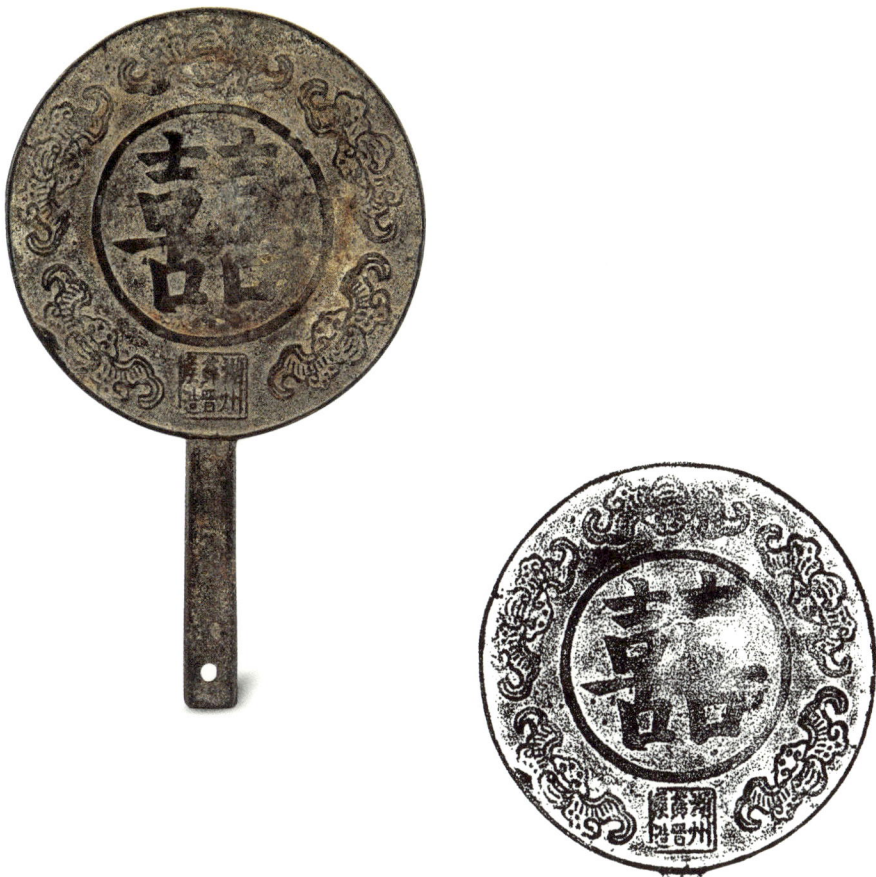

明至清五福"囍"字带柄镜

　　根据梁氏的著录及附图，此镜应为明清之际镜，并非宋镜。长沙市博物馆藏有一面类似铜镜，可兹对比。该镜镜面直径139毫米，柄长88毫米，重210克。镜背以一周宽带纹分隔为内外两区，内区书铭文"囍"字，外区饰五个蝙蝠纹环绕一周[①]。所区别处一是铭文内容，梁氏所著一面铭文为"湖洲薛惠公造"，此面为"湖州薛晋侯造"；二是铭文位置，梁氏所著一面，铭文在柄上与镜背相接处，此面铭在镜背接近柄处。湖州薛家是明代湖州著名的铸镜世家，清初依然存在，故梁氏镜与长沙市博物馆镜定为明清之际较为妥当。

---

　　① 长沙市博物馆：《楚风汉韵：长沙市博物馆藏镜》，文物出版社，2010年，编号180。

70　宋蔡氏寶鳳山花鏡　有識

　　徑五寸五分弱^①，重五兩^②。沿邊一圍純素。入五分，凹下一圍，內作山石，皴擦如法，仙葩二株，穠芳茂密。一鳳回翔，左方上加小圍，徑寸有四分^③，中篆"寶"字。識凡四字，正書在紐背曰"蔡咸玉製"。滿地作細點，與宋有柄諸鏡悉同，小圍亦與今所收宋仙山樓閣鏡同。當是一人所製也。

梁氏所录 "宋蔡氏寶鳳山花鏡"

----

　　① 该镜直径约合176毫米。

　　② 该镜重约184克。

　　③ 此处国图藏徐行可本作"径十有四分"，《续四库全书》本作"径寸有四分"，细审其图可知，当为"寸有四分"，今据以改。

‐图 考‐

清初"隆盛自造"花鸟图仿和镜

　　根据梁氏的著录及附图，此镜应为清代初年仿和镜，并非宋镜。笔者曾见一面铜镜与梁氏此镜类似，只是钮上铭文不同，可兹比较。该镜直径139毫米，重约213克。镜钮上方有一个圆形铭文框，内书一大"宝"字，镜钮下方山石参差，左侧花卉繁茂，花卉上一只禽鸟翱翔回顾，右侧一颗柳树盘曲生长，圆柱形镜钮，钮顶上下左右各一字铭文，合为"隆盛自造"，布局类似钱文①。此类铜镜纹饰为日本流行的和镜纹饰，主要流行于18世纪，当时因为和镜铸造精良，中国多有引进，东南沿海地区经常对其进行仿制，虽然是仿制，但这些制镜作坊往往会在钮上铸自己的作坊名，因此非常容易辨认。类似的镜在复旦大学博物馆也藏有一面②，关于清代中国仿和镜，薛翘、郑东《中国发现十五至十八世纪铜镜》一文中已有研究③。

---

　　① 杨志斌主编：《东北民间铜镜鉴赏》，吉林摄影出版社，2008年，第188页。

　　② 复旦大学博物馆：《龙照光华：复旦大学藏青铜镜》，上海书画出版社，2020年，第78页。

　　③ 薛翘、郑东：《中国发现十五至十八世纪铜镜》，《新考古学杂志》（日）1999年第八十四卷第三号。

71　宋張氏方鏡　有識

　　方二寸七分^①，重四兩三銖^②。雙圍中四邊作仰竹形，凹下可分許。質地納素。識兩行，並齊邊，行各四字，正書曰"壬寅北渠張皆升置"。曰"置"不曰"造"者，大率用者之所自題，而鑄者又別為一人也。字畫頗與今所收晉王誠鏡相似，然彼着手天然滑澤，此雖淡綠勻，蓋邊紐摩擦多而骨尚不露第。細按之，則古致不無區別。"渠"從"冫"不從"水"，下"木"鉤向右，"皆"字"比"從"北"皆未諳六書之工，所為不得以有類磚文，直與王誠一器並驅晉代也。宋人尚硯屏，當架以方座木製，自不能與器並存，亦文房物也。紐縱向於上之左下之右，孔則上石（此字应为"右"，写作"石"应为版误，编者按）下左，並指其角，亦諸鏡所獨。

梁氏所录"宋張氏方鏡"

---

①　该镜边长约合86.4毫米。

②　该镜重约151.8克。

-图 考-

　　根据梁氏的著录及附图，此镜应为明镜，而非宋镜。笔者未见类似铜镜，然此类铸年份并铸订制者姓名的以明代多见。

72 明洪武龍躍天池　有識

　　徑三寸七分[①]，重八兩[②]。邊圍二分強，凹下。一龍張爪蟠繞，已彌際於圓圍中者十之七，氣象雄偉不可方物。龍首在下尾在上，並左向，尾交於後爪。四週盡以朵雲間之，波濤環涌，聽若有聲，所謂天池也。核其形製，一與《博古圖》之雲龍鑑無異[③]。如其無識可按，則直以為唐以上器矣。紐作雙星伴月形，左近邊畫處一長方格，上裝

梁氏所录"明洪武龍躍天池"

---

　　① 该镜直径约合118毫米。

　　② 该镜重约294克。

　　③ （宋）吕大临：《考古图》卷九《龙凤门》，"云龙鉴"条，《考古图（外五种）》，上海书店出版社，2016年。

寶蓋，下承花瓣，若佛廟之幢幡。然識在其內，凡九字，篆書曰"洪武戊申年正月日造"。"戊申"為太祖有天下之元年，其時元綱失馭區宇混一，飛龍首出乘以御天，風雲景從，君臣如魚得水，於是鑄為此鏡，以示天下而傳後世。大哉！觀乎非尋常冶鍊矣。卽不必出太祖所命鑄，且不必鑄自元年，要亦其時從龍之彥之所為。如漢元嘉刀銘，雖三年五月，無丙午，特取日月火德之盛而假其日以用之也。銘字結體過褊促，未免文畫膠粘不甚明晰。初得一器，以"申"之中稍缺，因誤讀為"十二"字，然洪武年號終三十有一，而"武"下固明非"一二"兩字，又文法亦斷無稱"一十二年"者。得此而後，可細審而正定之耳。此鏡原範畫實細而逼，故鑄出每若缺泐，其泐之甚者，篆文旣絕類漢鑄，或見"武"字已蝕，"洪"字但存"水"旁"八"足，揣測讀如漢唐之"漢"，於是定為漢器，復誤以橫月作"四"，遂意為"漢十一年正月四日造"。然致誤之由則在模範之不良，不在考證之偶異也。五百年物而質之古黑已極可觀，毫釐千里，辨在幾微間耳。究之，黑黯中稍乏寶光，龍文繪寫方尚純樸，顧於天池雲水，忽易以精緻波瀾，此中自為參差，是又漢世之所無者矣。

－图 考－

明 "洪武二十二年" 云龙纹镜

　　根据梁氏的著录及附图，此镜确为明洪武镜，此类铜镜在明代较为常见，今选择西安博物院所藏一面铭文较清楚的镜作为比较。该镜直径105毫米，重280克。圆形，"山"字形钮，钮左侧近镜缘处为长方形铭文框，铭文框上为荷叶盖，下以荷花承托，内书铭文"洪武二十二年正月日造"，镜背其余部分则为一条巨龙翻腾于云海之中，龙头在下，龙身翻转于上，龙尾缠绕于一足上，龙爪为五爪。此镜制作精良，云龙气势雄浑，特点鲜明[①]。镜背左侧的铭文非常容易被误读，一来是因为铭文磨损，二来是因为其中部分文字的写法，比如"月"字并不是正写，而是为了紧凑，将其横倒着写，再如"二十二"三字，写得极为紧凑，粗看非常类似"五"字或"申"字，故而很容易认错。梁氏将铭文释读为"洪武戊申年正月日造"已经比较接近了。

---

　　① 西安市文物保护考古所：《西安文物精华·铜镜》，世界图书出版西安公司，2008年，第172页。

73　明宣德鏡　有識

　　徑五寸[①]，重六兩一銖[②]。柄長三寸三分[③]，中寬一寸二分[④]。沿邊一圍。正中凹處方扁寸有四分。識在其中，凡六字，正書曰"大明宣德年製"，與同時銅爐識同。宣帝創造火爐，一時民間倣而效之遍於宇內，至今閱四百餘年，尚多存者。予所藏有"大明宣

梁氏所录"明宣德鏡"

---

　　①　该镜直径约合160毫米。

　　②　该镜重约222克。

　　③　该镜柄长约合105毫米。

　　④　该镜柄宽约合38毫米。

德五年監督工部官臣吳邦任造"十六字為識。當時進奉之器①必有監造臣工姓名，如唐之硬黃帖，宋元之院本畫，並加臣字示敬。故凡爐識之但云"大明宣德年製"而無支干年分監造姓名者，其始命學士沈渡書此六字鑄之，稍後則民間常用之器亦相與沿用，蓋不能一器一范，勢不得不作統詞耳。以是推之，則此鏡當亦閭閻日用所有，不必因有年號而卽疑爲應官之物而製則從爐出耳。

‐图 考‐

明 "大明宣德年制" 带柄素镜

---

① 此处，国图徐行可本作"十六字为识。当时鼎彝谱器必有监造臣工姓名"，《续四库全书》本作"十六字为识者，益进奉之器必有监造臣工姓名"。"鼎彝谱器必有监造臣工姓名"一句意颇不谐，今以《续四库全书》本此句意改。

　　根据梁氏的著录及附图，此镜确为明宣德镜，笔者曾见一面与此类似，可兹比较。该镜镜面直径148毫米，柄长104毫米，重215克。镜背纯素，中间有一长方形框，框内双排书"大明宣德年制"六个规整大字[①]。字体端正，笔画宽厚，正与梁氏所著铜镜一致。

　　除了铜镜外，梁氏在文中还提到了两点值得注意的，第一是对带有年号器物形制的分析，梁氏认为通过这种铜镜可以看出，并不是有年号的就是官造或供御之物，应该具体问题具体分析，这种态度显然是科学的。第二，梁氏还提到了自己收藏的宣德炉有"大明宣德五年监督工部官臣吴邦任造"的款识，这也为我们了解宣德炉的收藏与研究历史提供了一则史料。

---

　　① 　呼啸：《隋至清中国纪年铜镜图典》，陕西人民教育出版社，2017年，第83页。

74　明萬歷鏡　有識

　　徑一寸有二分①，厚三分②，重八兩一銖③。識厚與邊齊。邊三分純素。臍鈕。以鈕穿按之，左旋讀，正書九字曰"大明萬歷乙巳年虔（誠）製"循環鈕外④。質制古厚，背摩挲作漆光，為南海謝澧浦先生文房雅玩。予與長嗣君二泉同監越華院，二十年前浚井，得自土中者，而未剝蝕，則年未深也。二泉作古，其孺人知予愛此，遂以二泉遺言相贈。

梁氏所录"明萬歷鏡"

---

①　该镜直径约合38.4毫米。

②　该镜厚约合9.6毫米。

③　该镜重约296克。

④　细审配图，铭文实为十字，梁氏释读脱一"诚"字，今据图以补。

-图 考-

明 "万历戊戌" 铭素镜

　　根据梁氏的著录及附图，此镜确为明万历镜，笔者曾见一面与此类似，可兹比较。该镜镜面直径123毫米。镜圆形，圆钮，无钮座。镜钮上下左右各有阳文一字铭文，合为"万历戊戌"，宽素镜缘[①]。此镜铜色黄亮，铭文颇具特点，"万历"与"戊戌"两字书体不同，说明原模具上万历两字为长期使用的，具体纪年则随着时间和需要而经常变动。万历戊戌，即明神宗朱翊钧万历二十六年（1598）。

---

① 金申、张庆：《朔云山房藏铜镜》，中国国际图书出版社，2006年，第90页。

75 明日明鏡　有識

　　徑一寸三分①，重五銖有七分②。薄僅一分强。邊圍內即篆銘凡八字曰"日出之光，天下大明"，每字上間以梅花點，下以勾雲。六朝日光鏡銘云"天下大昀"，今不曰"昀"而曰"明"，意同而義異也。又一圍，內作半月形者，四各以直畫隔之。內圍週作斜畫而及鈕。蓋明人所做，爲節其繁文而小之者。

梁氏所录"明日明鏡"

-图 考-

　　根据梁氏的著录及附图，此镜可能为汉镜，也可能为明仿汉镜。汉代铜镜也有极小的。梁氏以其尺寸较小而定为明仿似证据不足。

----

　　①　该镜直径约合41.6毫米。

　　②　该镜重约9.2克。

藤花亭镜谱

76 漢一龍二蛟鏡

　　徑二寸六分①，重四兩六銖②。沿邊一圍，週作人字形。又一圍，週作犬牙形，斜下可三分強，凹不及分，密界竪畫環之。二圍內，右一龍與左一蛟張口對向於上，其下又一蛟首接左蛟之尾，而與右龍兩尾正對。二蛟一龍，形體固區分大小，且龍角極其嶸嶒而身起鱗甲，彼兩蛟者，其短長雖若與龍鼎足分峙，要不過取位置整正耳。予藏宣和御筆《教子升天昌》及嘗見宋陳所翁卷，兩家畫小龍均尚無角也，況蛟乎。今角旣未見，其身亦止從光素中畧具陰陽，骨脊大與龍異，器雖小而鏤鑄本自瞭如也。所

梁氏所录"漢一龍二蛟鏡"

---

① 该镜直径约合83毫米。

② 该镜重约156克。

異者，兩蛟各吐有一珠，而龍獨無之，豈吐納爭攫，如麻姑擲沙成米，為少年之狡獪，既成其變化無所事此歟？抑龍之閱世已深，時時有慢藏啟爭之慮，因以已之所寶者蘊諸胸腹中，如老成巨識深藏不市，有而為亡實而若虛，且不屑於後生小子前賣美，使之莫予窺測耶。古人鑄此定存深意，即是可通於學問。今予舉數世之所好而積者，而盡情揭出，視此得毋愧甚淺。雖然天下無不做之物，亦無不散之藏，當其在我時，不啻雲煙之過眼。大抵凡物皆為他人守，而他人又將為他人守，蓋相與輾轉於無盡而已。何者為我所可有而謬云秘之也哉。

图 考

东汉龙虎镜

根据梁氏的著录及附图，此镜确为汉镜。陕西历史博物馆藏有一面类似铜镜，可兹比较。该镜直径95毫米，重120克。圆钮，圆钮座。钮座外为主体纹饰区，饰龙虎对峙纹饰。主体纹饰区外饰短直线纹和锯齿纹各一周，素镜缘[1]。

---

[1] 陕西历史博物馆：《千秋金鉴：陕西历史博物馆历代铜镜集成》，三秦出版社，2012年，第248页。

77　漢二龍升降鏡

　　徑二寸三分[①]，重三兩三銖[②]。邊如仰竹，可三分，微凹。二龍各四爪，左升右降，非爭非戲，自為上下。旋轉視之，則升者降降者升，總按左右為升降，龍之升降無定，而鏡之升降則有定也。龍尾各挾片雲，無論在天在田，皆有雲從之。象古之聖人，處龍潛之時地，而彬彬禮樂之彥同立門墻。是為素王之作觀也安，必瀛洲學士、雲台諸將而後稱遇合之盛哉。作此器者，法淺而意深，象近而指遠矣。紐純素。

梁氏所录"漢二龍升降鏡"

---

① 该镜直径约合74毫米。

② 该镜重约115克。

- 图 考 -

明双龙镜

　　根据梁氏的著录及附图，此镜应为明镜，而非汉镜。汉镜中的龙纹通常较为抽象，双龙镜出现于东汉时期，双龙在两侧，中间镜钮上下有铭文带，且未见龙尾部设云纹的组合。梁氏所著之镜应为明代双龙镜，以大同市博物馆所藏一件铜镜为例，该镜直径118毫米。圆钮，宽平素镜缘，镜钮两侧各一龙，一升一降，身边及尾部饰云纹①。梁氏所著之镜可能为此类镜的简化版。

---

① 大同市博物馆：《镜月澄华：大同市博物馆藏铜镜》，科学出版社，2019年，第197页。

78 漢雙龍戲珠鏡

　　徑二寸八分[①]，重四兩二銖[②]。邊圍寬二分弱，稍凹。左右各一龍，蟠繞紐外，兩龍口各吐一珠。他器凡列龍形者，必對張其口，一珠當中盤旋，挐攫作相爭不相下狀。此獨出諸頷下，各自為游戲，故偃仰從容，無挾雲湧水怒目奮爪之象易。以龍德象君子，凡學道有得之士，大抵皆快然自足無待外求，方可與物無爭與人無患，用能隱見一致出處隨宜，以是為鑑，則雖變化不測霖雨蒼生，亦止於自足中求之而已。鑄此鏡者其知道乎！

梁氏所录 "漢雙龍戲珠鏡"

---

① 　该镜直径约合90毫米。

② 　该镜重约150克。

-图考-

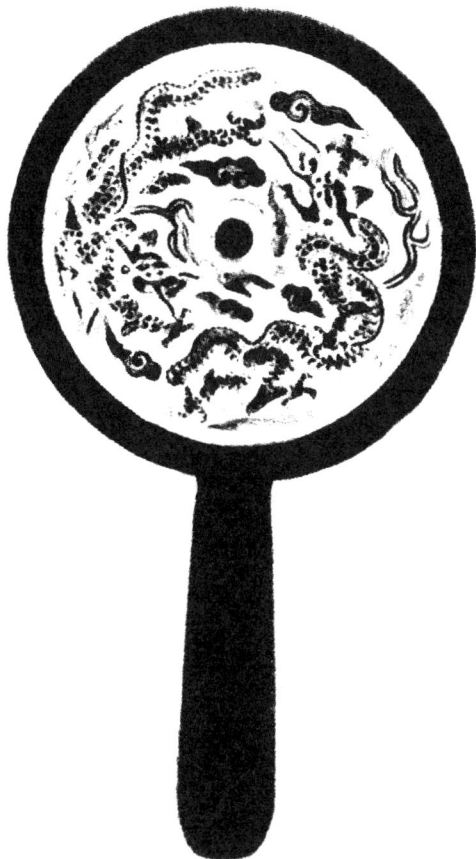

明双龙纹柄镜

　　根据梁氏的描述，此镜可能为明镜，而非汉镜。龙戏珠的图像出现较晚，目前未见汉代有类似图像，其时代或亦在明代。笔者曾见著录一面明代双龙纹柄镜，可兹比较。该镜直径111毫米，柄长95毫米。圆钮，圆钮座，钮座外镜背饰双龙戏珠，双龙间点缀云纹[①]。

──────────

　　①　程长新、程瑞秀、觉真：《镜花水月：铜镜鉴赏与辨伪》，北京美术摄影出版社，2008年，第180页。

79　漢雙龍鏡

　　徑四寸[①]，重二兩四銖[②]。邊圍寬一寸。凹下一圍，作陽文龍二。紐下薦以葵花四瓣，通體為綠所侵蝕，面背並作深青色，暗光浮動，瑩然可照，蓋綠非堆凸故也。凡入水與入土，其鮮燥、堅浮、厚薄、澀滑，到手頓殊，不容稍混。以此論古器思過半矣。

梁氏所录“漢雙龍鏡”

---

①　该镜直径约合128毫米。

②　该镜重约80克。

图 考

东汉变形四龙纹镜

　　根据梁氏的描述，此镜确为汉镜。梁氏所著此镜，笔者未见完全一致之镜，长沙市博物馆收藏有一面铜镜较为接近，可兹比较。该镜直径120毫米，重267克。半球形钮，柿蒂纹钮座，钮座外为主体纹饰区，分隔为四等分，饰四变形龙纹。主体纹饰区外饰一周短斜线纹。宽平素镜缘①。

---

　　① 　长沙市博物馆：《楚风汉韵：长沙市博物馆藏镜》，文物出版社，2010年，第135页。

80 漢三龍鏡

　　徑四寸[①]，重十有三兩四銖[②]。邊圍銳上，純素處可一寸二分。凹下二圍，兩龍張口，珠在中央，若相與攫爭狀。其一則啣尾相逐。又紐居內圍，龍取三為數者，《參同契》云"金水合處，木火爲侶；四者混沌，則為龍虎。龍陽數奇，虎陰數偶"也。銅色黑潤，紐以手摩者多，遂稍露原光。凡古銅之精者，雖入土尚不能蝕，況此器兩未與水土着，故面光灼灼若此。

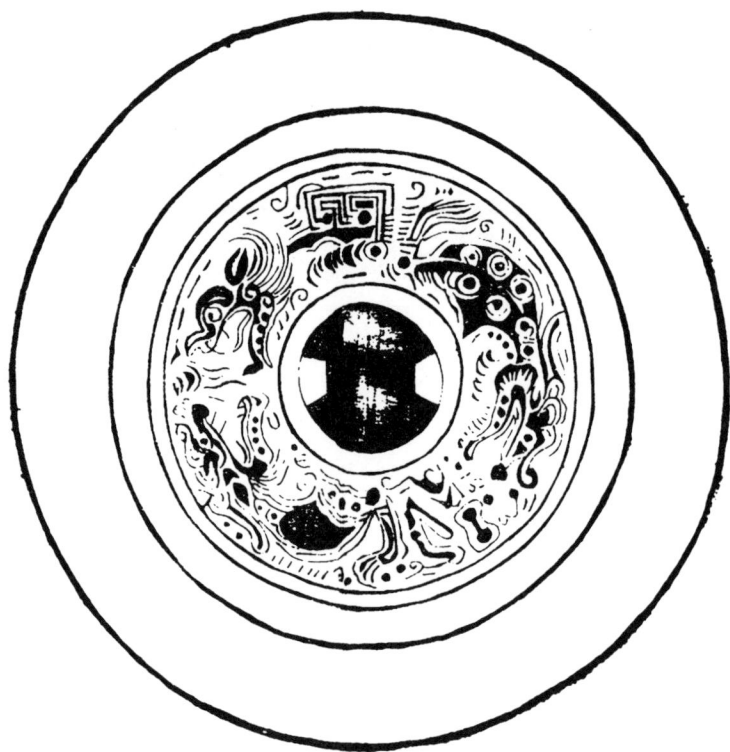

梁氏所录"漢三龍鏡"

---

　　① 　该镜直径约合128毫米。

　　② 　该镜重约484.5克。

-图考-

汉"淮南龙氏"龙虎镜

　　根据梁氏的描述，此镜很可能确为汉代龙虎镜。但汉代龙虎镜笔者未见过宽平素镜缘的，因此暂且存疑。可以寿县博物馆收藏的一面"淮南龙氏"龙虎镜作为比较。该镜直径150毫米，1974年寿县板桥镇黄安村出土。半球形钮，圆钮座，钮座外为主体纹饰区，高浮雕龙虎对峙纹，龙虎尾间饰一跪坐羽人持杵捣臼。纹饰区外为铭文带，内容为"隆帝章和时，淮南龙氏作镜，炼治铜合会银锡得和中，刻画云气龙虎虫，上有仙人寿无穷，长保二亲乐不高"。铭文带外饰一周短直线纹。镜缘饰锯齿纹及云气纹各一周①。

---

①　安徽省文物考古研究所、六安市文物局：《六安出土铜镜》，文物出版社，2008年，第160页。

81　漢三虬鏡

　　徑二寸九分[①]，重五兩七銖[②]。沿邊一圍，凹下及分。二圍中週作三疊人字，又如波之微縐者，復密界豎畫環之。合以外圍計，邊可四分弱。再凹及分，復週界豎畫，密畧如前疊。二圍作三虬，張口左向，啣尾相逐狀，首尾鱗爪悉具。惟內圍短促，未能盡其屈伸蟠旋之勢，然文鏤至此，殆未可以形容，意幾無以尚之矣。紐扁圓並小圍，計可八分許，手澤光淨，墨寶瑩然，亦幾無以復加。紐背雖畧新，卽此愈形其質之天然統舊。透光影，止環列如鼎足，而未能使片鱗隻甲之絲絲入殼，則反以文之細累之也。

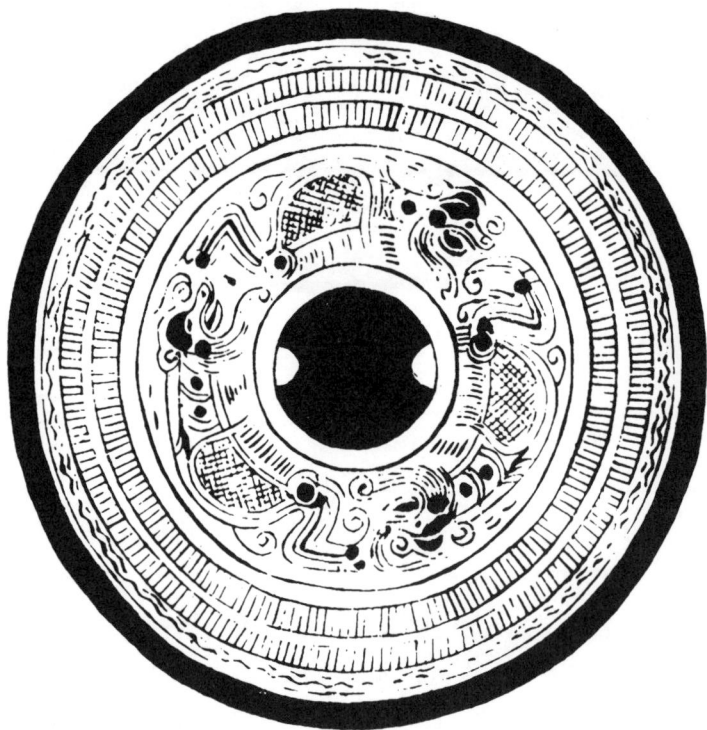

梁氏所录"漢三虬鏡"

---

①　该镜直径约合 92.8 毫米。

②　该镜重约 194.7 克。

-图 考-

汉至晋三兽纹镜

    根据梁氏的描述，此镜确为汉至晋时期铜镜。偃师商城博物馆藏有一面类似铜镜，可兹比较。该镜直径91毫米。半球形钮，圆钮座。钮座外为主体纹饰区，三只兽绕钮追逐，兽似龙又似虎，难以确认。主体纹饰区外饰一周短直线纹。镜缘处饰短直线纹及双波折线纹各一周[1]。此类铜镜多见于汉末至西晋时期的墓葬中。

---

①   霍宏伟、史家珍主编：《洛镜铜华：洛阳铜镜发现与研究》，科学出版社，2013年，第193页。

82 漢四龍鏡

　　徑三寸五分①，重二兩二銖②。沿邊一圍叠二圍，中夾三畫人字，缺處各補以空心小點。又一圍，中環陽文犬牙，凹下處密排斜畫，再叠二圍後，四偶各有叠文人字，四方各成曲尺形，上下左右各有一夔龍橫踞，形狀與薛尚功《鐘鼎款識》所收之龍瓢商器極相肖③，內復界一雙文方格，紐在其中。四方並有雙鈎'丁'字形，直處適當龍

梁氏所錄"漢四龍鏡"

---

① 該鏡直徑約合112毫米。

② 該鏡重約77克。

③ 考《歷代鐘鼎彝器款識法帖》中未見"龍瓢"，當為"龍瓠"之誤，見（宋）薛尚功：《歷代鐘鼎彝器款識法帖》20卷，海城于氏景印明崇禎朱氏刻本，1935年，第39頁。

之中。此鏡墮水中沉沒久，故通體俱蝕，發為碧色。背面并起暗光，以非土綠，尚得完好如新。但苦不能鑑物耳。鑀畫'丁'字，今所收"漢長保二親"及"小四乳四龍"二鏡有之，彼器皆作花邊，所不同者在是。

—图 考—

汉四乳四龙镜

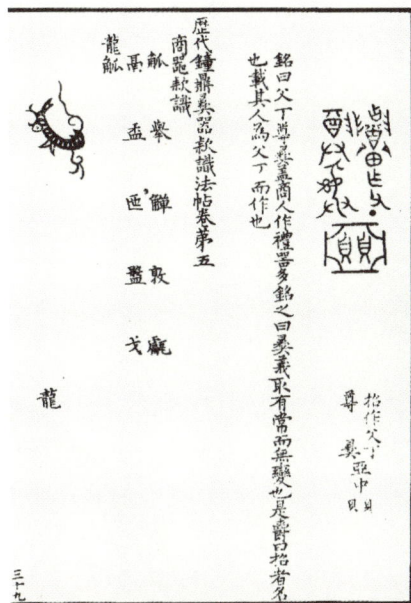

《历代钟鼎彝器款识法帖》龙觚书影

　　此镜梁氏著录与附图颇有矛盾之处。根据梁氏附图，此镜为典型的汉代神兽博局镜，博局间的纹饰并非四龙，而是双兽双禽。特别是梁氏还举了《历代钟鼎彝器款识法帖》中龙觚的龙纹，但查该书中的龙纹则更像汉代四乳四龙镜的龙纹，和附图中的纹饰差距较大。不知原因为何。

　　如根据梁氏著录，陕西历史博物馆收藏有一面汉镜较为接近，可兹比较。该镜直径81毫米，重60克。小圆钮，圆钮座，钮座外主体纹饰为四乳相间的四组龙纹，纹饰区内外以短斜线纹间隔[1]。

---

　　① 陕西历史博物馆：《千秋金鉴：陕西历史博物馆历代铜镜集成》，三秦出版社，2012年，第186页。

83　漢雲龍雙鳳鏡

徑一寸八分[1]，重兩有一銖[2]。邊圍二分弱。兩鳳同儀，一上一下。有龍蟠轉其際，止見其首之半，其全身鱗甲亦自鳳翼参差間露出。紐在當中，繪畫須處處預留紐位，地步頗為跼促。今方寸中乃位置裕如如此，善手所為也。背光色頗黯古，而堅滑異常，漢物無疑。固不必假識爲徵耳。

梁氏所录“漢雲龍雙鳳鏡”

① 该镜直径约合57.6毫米。

② 该镜重约38.3克。

-图 考-

宋双凤纹镜

　　根据梁氏著录及附图，此镜并非汉镜，而是宋镜。济南市博物馆藏有一面类似铜镜，可兹比较。该镜直径85毫米，重94克。镜圆形，平顶圆钮，镜背主体为两只绕钮飞翔的凤鸟。宽平素镜缘[①]。梁氏之镜与此镜纹饰一致，惟镜尺寸小许多。

---

① 何民主编：《济南市博物馆馆藏精品·铜镜卷》，山东美术出版社，2017年，第127页。

84 漢四龍雙凤鏡

　　徑二寸八分[①]，重三兩六銖[②]。邊可四分。二圍中夾花紋，旋繞又畧如今所收六朝四乳二神鏡之週作長扁圍虬，環接者凹不及分。一圍內四乳位於四隅，其上下二方則左龍右鳳，左右二方則各一立龍。別一雙文方格，格外四正各有雙畫一橫一豎，與長保二親、長保父母兩鏡恰符。其內四隅各有指甲痕，如唐開元錢背所捻，肖哉生月形。紐又在小圍之中。此鏡古白似水銀浮出，紐獨無之，其始遍體，非不匀着水銀，特其紐則自千餘年來摩觸既久，故先脫盡耳。

梁氏所录 "漢四龍雙凤鏡"

---

① 该镜直径约合89.6毫米。

② 该镜重约119.6克。

-图 考-

　　根据梁氏著录及附图，此镜确为汉镜。此镜梁氏著录与附图颇为矛盾。从附图看，此镜为典型的汉神兽博局镜。从纹饰看，镜钮上下似为龙、虎之类的神兽，镜钮左右似为禽鸟纹。然梁氏命名为四龙双凤镜，不知四龙如何对应。

85 漢四乳四夔鏡

徑二寸九分^①，重四兩三銖^②。沿邊一圍，週作巨敔牙形。稍凹不及分，環以直畫。四乳繫其四隅，以四夔間之。疊一方格，隔各有十字形。紐作瓦式。圍外四向又各有雙文橫畫，再以直文接之。滿積堅綠紅斑，磨而不亮，則土蝕深矣。此制漢鑄多同，惟敔牙視諸器差大。

梁氏所録"漢四乳四夔鏡"

---

① 该镜直径约合92.8毫米。

② 该镜重约151.8克。

－图 考－

汉简化博局神兽纹镜

　　根据梁氏著录及附图，此镜确为汉镜。此镜与上一镜同样。梁氏著录与附图颇为矛盾。从附图看，此镜亦为典型的汉神兽博局镜。从纹饰看，镜钮上下似为龙、虎之类的神兽，镜钮左右似为禽鸟纹。然梁氏命名为四乳四夔镜，不知四夔如何对应。仪征博物馆藏有一面类似铜镜，可兹比较。该镜直径115毫米。圆钮，柿蒂纹钮座，镜钮外为博局纹，博局间两两相对饰神兽及禽鸟纹[①]。

---

　　① 仪征博物馆：《仪征馆藏铜镜》，江苏美术出版社，2010年，第103页。

86　漢八乳八夔鏡

　　徑三寸五分①，重八兩②。沿邊二圍，外寬及寸。又二圍，環以犬牙，二邊計五分強。凡五圍，而後凹下一分弱。一圍四方各二乳，每方之正面各作曲尺形，四隅亦然，界分八段，段藏一夔，中隔雙文方圍，而圓圍在其中。紐又在其中。方圍四面亦有作雙鈎'丁'字形者，與四正之曲尺相對，夔尾交入兩者之中，故界畫極稠密。此器與今所收"四龍鏡"頗類，其異在乳之有無而已。夔形亦與薛尚功《鐘鼎欵識》所載龍瓢相似，質頗薄而工製古厚淳樸。漢鑄實不券而符。

梁氏所录"漢八乳八夔鏡"

---

① 該鏡直徑約合 112 毫米。

② 該鏡重約 294 克。

- 图 考 -

汉八乳规矩镜

　　根据梁氏著录及附图，此镜当为汉代规矩镜，陕西历史博物馆藏一面汉镜与之较为相似，可兹比较。该镜直径114毫米，重305克。小圆钮，柿蒂纹钮座，钮座外双弦纹方框，其外为主体纹饰区，内容为八乳规矩纹，空白处饰神兽纹，镜缘处饰三层锯齿纹[1]。

---

　　① 陕西历史博物馆：《千秋金鉴：陕西历史博物馆历代铜镜集成》，三秦出版社，2012年，第66页。

87 漢四靈爵鹿鏡

　　徑二寸六分①，重四兩四銖②。外無邊闌，週作半開梅花一圍凹下，四雀飛翔四鹿跳躍，兩兩相間反首鼓翼，各具生動之趣，稍有空處卽以花枝環繞。又一雙圍，則龍鳳龜鱗各據一方，細如粟粒而神情乃一一活現。背質不沴不銹而天然純黑，手掌久，故圍、紐凸起處遂純白如鐵光，謂非良金所鍊不能矣。雀者爵也，鹿者禄也，是盖取吉祥之象以寓頌禱之意，如瓦當鹿甲天下之作鹿形，吉祥洗之作羊形，於古有徵，非漫

梁氏所錄"漢四靈爵鹿鏡"

---

① 該鏡直徑約合83.2毫米。

② 該鏡重約153.3克。

無所據也。意此器亦當時尚方所鑄，《後漢書百官志》稱，尚方令一人，掌上手工作。今工旣奇妙絕倫而刻鏤之所取義又非尋常百姓家所宜有，且他器之有尚方字者，署官特用以進御耳，其時工鑄旣設專官，豈能有鑄必進，進御外不別作一器耶。然則尚方製器之偶無官識亦事理之常，可就其文約略定之矣。

– 图 考 –

　　根据梁氏著录及附图，此镜并非汉镜，镜形及纹饰布局似唐镜，但钮制及纹饰细部又未曾见于唐镜。笔者推测可能为晚期仿镜，具体何时所仿已难判断。

88 漢八卦四靈鏡

　　菱花六瓣，兩末相距三寸四分①，重八兩強②。菱花隨月而背日，與芰相反。鏡象月，月為金之水所生。鏡質本金，其光如水，菱花依之，故古人鏡背多作菱花者，意蓋加此。《飛燕外傳》始上大號婕妤，奏上三十六物以賀，有七尺菱花鏡一盒。據此，則菱花鑄形實始於漢矣③。邊隨瓣接稍凸起，即凹下可一分。週畫八卦，自乾迄兌，左旋內環。龜、麟、鳳、龍按卦畫方位讀之，則左鳳右龜上麟下龍，已與《隸續》所載麟鳳瑞象之右鳳左麟者殊。況龜加蛇繞則四靈外似增其一，或意鑄者不學，故參差如是。然以《參同契》有雄不獨處，雌不孤居。元鳥龜蛇蟠紏相挾，以明牝牡，意當相須語。考之則龜蛇合見其來已舊矣。又《漢謁者沈府君神道碑》上刻鳳下刻龜，亦蛇身中藏龜甲之內，獨其首尾長出。且如《博古圖》所載之長生及仙人不老等鏡皆二物合并，至尚方第二鏡，更於一方中龜蛇分列左右，則同時所尚已如此。紐極小，亦以花瓣八出籍之。鏡質甚薄，色如鐵，背澁而黑，面則尚存暗光。意吐綠無多，復埋沒塵埃久焉，積污所掩也。古者以青龍、白虎、朱雀、元武為四神，與四靈不同，漢所謂四神鑑多指此四者。然究之騎鶴者曰仙人，坐而享者與輿而駕者，及座旁兩面出蠏爪者，稽諸古籍並號神人、二神、四神之稱實指神數而言，固未可以四靈相混，即龍虎龜雀可以謂之神物而不可以混諸神人也。

---

①　该镜直径约合109毫米。

②　该镜重约294克。

③　梁氏根据《飞燕外传》文献中的记载探讨菱花镜的时代显然是一个有益的尝试，但也从一个侧面反映出梁氏在版本研究方面的局限。《飞燕外传》虽自题为"汉伶玄撰"，但关于其成书时代，最早著录该书的宋代陈振孙《直斋书录解题》便已有所怀疑，至清代以前，大多认为其为六朝时期。近代以来则更认为其创作时代晚至唐宋时期。王建堂、宋海鹰《〈飞燕外传〉的问世与流播》一文通过对唐代文献的梳理，比较充分地证明了该书至少在晚唐以前已经出现并流传，因此判断该书成书应在唐代，至迟不晚于中唐时期。从这个角度看，以此为依据证明菱花镜汉代就已出现显然是错误的。

梁氏所录"漢八卦四靈鏡"

- 图 考 -

根据梁氏著录及附图，此镜并非汉镜，应是宋镜。长沙市博物馆收藏有一面宋代菱花形四神八卦镜，可兹比较。该镜直径124毫米，重约221克。镜为八出菱花形，小圆钮，菱花形钮座，钮座外，上玄武、下朱雀、左白虎、右青龙为四神纹样，再外为八卦纹[①]。梁氏之镜白虎处纹饰为麒麟，笔者未曾见过这种四灵形式，或许是将白虎误认为麒麟也未可知。菱花形镜以目前的考古发现看，最早始于唐高宗时期，因此梁氏仅依据晚出的小说《飞燕外传》中的描述判定菱花镜的时代，继而判断此镜为汉镜难免造成误判。

---

① 长沙市博物馆：《楚风汉韵：长沙市博物馆藏镜》，文物出版社，2010年，第207页。

宋菱花形四神八卦镜

89　漢雙魚鏡

　　徑三寸三分[①]，重五兩[②]。邊圍可分許，純素，凹不及分。通身作水雲濤浪，兩魚一上一下唼呷遜泳，鱗片整細，神氣開靜。紐如豆大，質薄如葉，指彈欲破。予收諸鏡，專取古而不失厥用者為主，故雖背質已塵封埃積，而一經磨刮無不晶瑩澄澈者，蓋所謂精金百鍊、氣不外洩，非水土青綠之可得而蝕。惟多蓄而常校之，自足以信其說之不诬。其中卽有一二為斑綠蒙損者，雜出其中，不過聊備一格而已。獨此面有破點，磨後尚未能全去，而光明則反逾他鏡而上之爲未可多觀耳。

梁氏所录“漢雙魚鏡”

---

①　該鏡直徑約合105.6毫米。

②　該鏡重約184克。

-图 考-

金代双鱼镜

　　根据梁氏著录及附图，此镜并非汉代铜镜，而是金代双鱼镜，1958年河北省抚宁县出土一面双鱼镜，与梁氏所述接近，可兹比较。该镜直径106毫米，重230克。小圆钮，无钮座，素镜缘。镜背饰两只硕大的鲤鱼在水波中首尾相接，环绕着镜钮嬉戏追逐。双鱼在波涛中扭转翻腾，充满力度感[1]。双鱼镜最早见于宋金时期，是金人喜爱的铜镜装饰题材，后因鱼与余谐音，符合汉民族年年有余的美好寓意，遂在汉地广为流行，自宋金经元明，经久不衰。

---

[1]　河北省文物研究所:《历代铜镜纹饰》，河北美术出版社，1996年，编号第248。

90　漢雙鯉升雲鏡

　　徑四寸①，重四兩②。沿邊一圍，作仰竹形而下微凹。二鯉撥翅掉尾於空明中。空明者，質地純素處也，纖紋不刻，故點黶全消，即作水觀自無不可。流雲兩朵平攔當中，雲頭外向雲尾內向而適及于中。紐纖小如絲，雖為紐隔而勢轉若聯接，合兩雲而一之亦無不可。魚捨水而從雲，則變化可游六虛之，候其不遽作龍形者，是將有待則時之為義大矣。《爾雅》謂水雲魚鱗，今但以游魚隱見於雲水之中，鱗與鱗並，即此已有合同而化之象，與尋常雙魚錞洗諸器之僅寄尺素相思者正自有別矣。此鏡藏自先世，初未聞其能透光，以其鏤鑄弗底精工，視為無足重輕之物，廢置篋笥已久。道光辛丑，

梁氏所录 “漢雙鯉升雲鏡”

---

① 該鏡直徑約合128毫米。

② 該鏡重約147克。

夷氛遽起，挈之南海佛山所居，隣有磨镜叟，偶招洗刷而試照之，然後知泳游上下者瞭同指掌如此。其後或半或全，所見殆變換不可測，是當有與年月節氣相為呼應者。自其年東行于役，符調西還，旋告養居憂，不復細加記驗，至今猶未識其隱見之所以然也。按《洞天清錄》載范文正公家有古鏡，背具十二時，如博棊子。每至此時，則博棊子明如月云云，則變換有常往往以是見鏡之靈妙。若此鏡者，亦具體而微者矣。

-图考-

明双鱼镜

　　根据梁氏著录及附图，此镜并非汉镜，而是明代双鱼镜。皖西博物馆收藏有一面双鱼镜与梁氏所述相近，可兹比较。该镜直径100毫米。椭长形平顶钮，凸镜缘，镜背以剪影形式饰两条鲤鱼逆时针绕钮，双鱼间以两条云纹相间隔，剩余地方均为素地[1]。过往此类铜镜多定为宋代，但成都明代纪年墓葬中出过此类剪影式双鱼纹，应定为明代更准确。

---

① 安徽省文物考古研究所、六安市文物局：《六安出土铜镜》，文物出版社，2008年，第241页。

藤花亭鏡譜

91　漢鴛鴦戲荷鏡

　　徑二寸九分[①]，重三兩四銖強[②]。邊凸起作菱花十二瓣，凹下可分許，各隨其瓣形。末稜則如半月又稍凹，卽底平矣。鑄文分上下，互倒而見。故各有鴛鴦一雙，彼此相背而立，其旁荷葉則凡自側垂正，蓋以迄於錢筆。其中始開全放半落結子一一全備，故稠密處如纖，然止於兩面。鴛鴦之下畧露莖蒂稍高，則花葉雜沓必有一邊倒出者，蓋此莖長則碍彼，於此見畫理之深也。背色深青淡黑，合而見舊。映日則十二菱瓣首先清楚透出，花鳥步位亦全與背符，每於烈日明窗從光影入暗處，則競體紛呈纖悉如繪，恍圖六郎霞腮於粉壁矣。燈月下亦畧覩菱瓣形，然不及日光遠甚。

梁氏所录 "漢鴛鴦戲荷鏡"

---

①　该镜直径约合92.8毫米。

②　该镜重约117克。

- 图 考 -

宋鸳鸯莲荷镜

　　笔者未见目前所存古铜镜有类似纹饰，然考梁氏描述，该镜为十二瓣菱花镜，则此镜定非汉镜。目前所见菱花镜最早始见于唐高宗时期，则此镜早不过唐代，另考其菱花瓣数为十二，唐代菱花镜多为六出、八出，未见十二瓣，宋代始见十二瓣菱花，则此镜为宋镜的可能性最大。虽未见过完全一致的，但河北定县藏一面北宋鸳鸯莲荷镜可兹比较。该镜直径160毫米。八出葵花形，小圆钮，镜钮下方为荷塘，荷花自水中生长而出，摇曳挺立于水面，荷塘中，两只鸳鸯穿梭嬉戏于荷花间[①]。

　　① 河北省文物研究所：《历代铜镜纹饰》，河北美术出版社，1996年，编号第179。

92 漢松鶴鏡

　　徑三寸四分[①]，重十兩[②]。沿邊一圍凹下，二圍有石峭拔，二鶴對立其上，松二株，葉垂至邊，越出二圍外。紐作龜形，背上宿文中一星，四旁四星，經而不緯，不知其意。漢鏡凡有鶴有松者，輒不遺龜，蓋皆壽命延長之物，有祝禱意也。

梁氏所录"漢松鶴鏡"

---

① 該鏡直徑約合109毫米。

② 該鏡重約368克。

－图 考－

江户时代松鹤纹龟钮镜

　　根据梁氏著录及附图，此镜并非汉镜，而是17～19世纪日本江户时代的和镜，或同时代中国仿日本和镜的产物。西安市新美域和镜博物馆藏有一面类似和镜，可兹比较。该镜直径104毫米，重285.5克。龟钮，龟身呈趴窝状，头向左侧，镜背主题纹饰为松鹤，右侧一株老松，树干遒劲，枝叶茂密，左侧树荫下，两只鹤一高一低立于石上，一只振翅低首，一只引颈昂首，鹤喙与龟首相接[①]。此类题材在和镜中颇为流行。

---

　　① 《和秉汉源——新美域和镜博物馆藏和镜精选》（内部资料）。

93 漢瓜瓞緜生鏡

　　徑三寸一分①，重七兩八銖強②。邊圍五分弱，斜下，週作花紋不斷，一圍中五瓜勻環內向，蒂蔓綴連環瓜而左，又與別蔓相按環着他瓜，兩蔓空處必補一花，計圍轉凡五花，花各三葉，葉凡十又五。鑄文質樸不苟，古趣橫溢。面照人若澄淵霽雪，絲髮畢見，為用毫未嘗失。紐着手多，畧新一間，然與他器之受磨久而光瑩者異也。或以漢人有"安期棗大如瓜"之說，往往以銘其鏡，如"渴飲玉泉饑食棗"之類，不可枚

梁氏所录"漢瓜瓞緜生鏡"

---

① 该镜直径约合99毫米。

② 该镜重约270克。

舉，因疑此鑄葉差小為是棗非瓜之據。然細按，藤蔓延繞蒂末，下覆幾及瓜肩，非棗枝長直生刺者，比明甚。卽週怖小葉，亦限於餘地，稍為反正之形，是蓋取詩"瓜瓞緜緜"之義寓其祝頌中，無游仙意也。

－图 考－

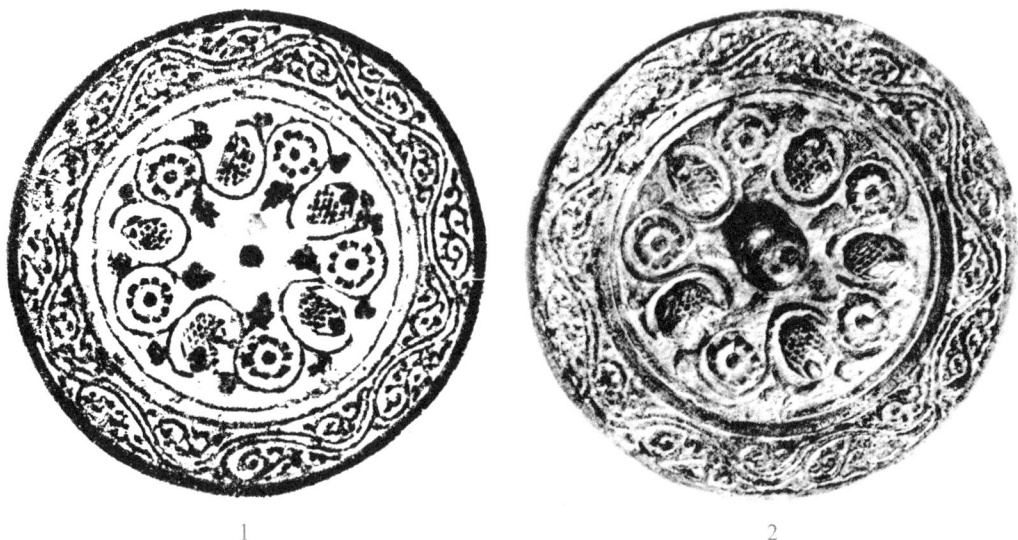

金至元瓜瓞绵绵纹镜
1. 拓片　2. 照片

　　根据梁氏著录及附图，此镜并非汉镜，而是金至元时期的铜镜。吉林榆树市博物馆藏有一面此类铜镜，可兹比较。该镜直径13.3厘米。圆钮，镜背纹饰分为内外两区，内区以缠绕的藤蔓围绕一周，藤蔓上一花一瓜相间排列，一周共五花、五瓜，瓜呈椭圆形，瓜身上饰网格纹，外区为藤蔓纹环绕一周[①]。

---

　　① 张英：《吉林出土铜镜》，文物出版社，1990年，编号122，该镜原书中名为"草莓花纹镜"。考草莓最早于1915年由俄国侨民引入我国东北，故"草莓花纹镜"的定名不妥，今暂定为"瓜瓞绵绵纹镜"。

94 漢雲花鏡

　　徑四寸①，重四兩五銖強②。沿邊二圍，中夾交互文，凡十又一。又二圍，週環犬牙，其內復大小二圍，中藏花瓣四，四隅各凸起一文如十字形，中肥末銳，極類款識。諸編所載周器銘"王在周"之"在"字者間之。每一花必儆以捲雲，計大小各五，有空卽補，不密不疏。模範旣工，鑄法亦刻劃清楚，至其配搭之整齊顯密，則凡漢鑄類然矣。凡鏡紐以有唐一代為最鉅，而漢則適中。漢鏡質本至厚，亦間有至薄者，然止至厚至薄二品。此厚僅一分，雖薄而不脆，輕而彌堅，正《宣和圖》所稱水浮一種，不易見也。背色青黃，凍光如漆，亦為他鏡所不恆見。

梁氏所录"漢雲花鏡"

- 图 考 -

　　根据梁氏著录及附图，此镜当为汉镜，此镜主题纹饰已极为简化，笔者未见类似铜镜。

---

　　①　该镜直径约合128毫米。
　　②　该镜重约154.9克。

95　漢四喜穿花鏡

菱花八瓣，兩銳之末相距三寸四分[①]，重十兩四銖[②]。八瓣內半為碎花半為蟬蝶之屬，瓣各相間。一圓圍，中有喜鵲四飛鳴跳擲穿簇花心，花亦分作四枝，一鵲一花各各相間。紐居中頗大，背深青色冷氣，漆光寒如可照，蓋歲久水銀浮出，加以極深手澤，遂固結而不可磨滅也。

梁氏所录“漢四喜穿花鏡”

---

① 该镜直径约合109毫米。

② 该镜重约374克。

-图考-

唐花鸟纹菱花镜

　　根据梁氏著录及附图，此镜并非汉镜，而是唐镜。陕西历史博物馆藏有一面花鸟纹菱花镜与之相似，可兹比较。该镜直径118毫米，重306克。八出菱花形，每一菱花内饰一花或一蝶纹相间。圆钮，镜背主题纹饰为四雀与四花相间排列①。前文已述，由于梁氏误以《飞燕外传》为汉代文献，故而将其中出现菱花镜的记载当做菱花镜出现于汉代的证据。

　　① 陕西历史博物馆：《千秋金鉴：陕西历史博物馆历代铜镜集成》，三秦出版社，2012年，第393页。

96 漢小四乳環花鏡

徑二寸五分①，重二兩四銖②。沿邊一圍，內排豎畫與凹下處同。疊二圍，中作四乳，花以環之，粗枝大瓣。紐視器大幾十之一，外又環以一小圍。背質稍浮剝，其完者堅實，生暗光，面則月磨雪洗，毫釐莫遁矣。

梁氏所录"漢小四乳環花鏡"

---

① 该镜直径约合80毫米。

② 该镜重约79.7克。

-图 考-

东汉五乳五鸟纹镜

　　根据梁氏著录及附图，此镜确为汉镜，但其纹饰并非花纹，而是鸟纹。1998年山东枣庄滕州东小宫墓地出土一面类似的铜镜，可兹比较。该镜直径83.7毫米，重77.9克。小圆钮，圆钮座，钮座外以五乳与五鸟相间排列。其外本为铭文带，简化为一周短直线与横线相间排列的纹饰，再外为一周短直线纹。镜缘饰一周锯齿纹[①]。

---

　　① 山东省文物考古研究所：《鉴耀齐鲁：山东省文物考古研究所出土铜镜研究》，文物出版社，2009年，第332、424页。

97　漢荷花鏡

　　徑四寸五分[①]，重五兩一銖[②]。沿邊一圈，中央作荷花，正側凡五瓣，其下復以連綴半月形，亦五半規者記之橫巳，居器五之三。其外疊作古錢式，大類呂氏《考古圖》首列之"庚鼎"，文直排至邊，正視之則如錢輪，惟方孔縱放差異耳。若從旁斜睨，又絕似平排桂花瓣相壓疊，巧妙處開後人龜宿文、宮錦閃緞之漸其圓如錢者，彷彿若交虬盉文，其縱斜格又如漢之斜方鼎，斜方云者，蓋指方格之斜放者言之，緣有是名也。古錦有連理、通心、合歡、同心諸名，意其狀皆連環不斷。鏡文似之，又有美段曰蓮綿者，梁簡文帝詩所謂"蘭馨起縠袖，蓮錦簇瓊腰"是也。今鏡既作荷花地文，復環

梁氏所錄"漢荷花鏡"

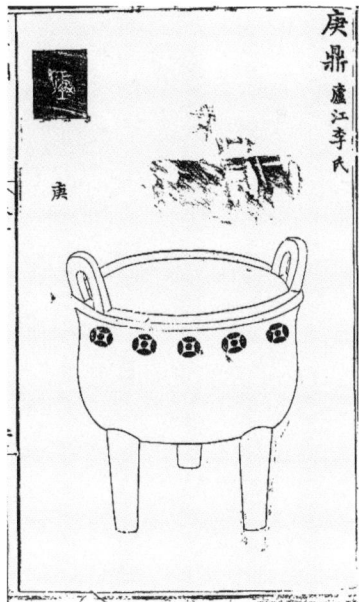

《考古图》"庚鼎"书影

---

①　该镜直径约合144毫米。

②　该镜重约185.5克。

叠如綿，初欲名以"蓮錦鏡"，又以連理合歡之類宜於奩鏡，以為女子新歸粧具所有，更欲以夫容合歡名之。然皆於漢器不類。且不免好為奇異，反墮香奩習氣。故質書之曰荷花而已。器薄僅一分，無紐而寒光凛然，逼人如冰雪洵異製也。

- 图 考 -

清日本毬璐纹和镜

根据梁氏著录及附图，此镜并非汉镜，而是日本和镜。笔者未见纹饰完全相似之镜。但淮南市博物馆藏有一面较为相似的铜镜，可兹比较。该镜直径133毫米，柄长102毫米，柄宽23毫米，重429克。镜背在毬璐纹地中间饰菱形开光，开光内似有花卉纹[1]。

---

① 淮南市博物馆：《淮南市博物馆藏镜》，文物出版社，2011年，第282、283页。

98　漢小四乳梅花鏡

　　徑二寸一分①，重二兩八銖②。沿邊一圍，凹下及分。週作眉月形，相接處各間以小梅朵。又疊二圍，四隅各一乳而環其外，乳又各間以三小浮圖。再疊二圍，六半方點各間一星。紐亦作梅花形。通體文鏤不華而整齊清理，月下小梅朵中，於第一二朵之間又別增一小星在正面迤右，所以定鏡之上下使與紐孔符。蓋月形十六，自小星而下左旋至上面之正中，令善思者隨手置放而上下不紊，其用心可謂不苟矣。此透光器極

梁氏所录"漢小四乳梅花鏡"

---

①　该镜直径约合67.2毫米。

②　该镜重约85.8克。

玲瓏可愛。凡鏡文之透背，原不關器之厚薄，或以此器質薄如紙，故其光易過是固哉。高叟之論未卽，漢鑄之厚輒幾寸者，一思其透影之故耳。

- 图 考 -

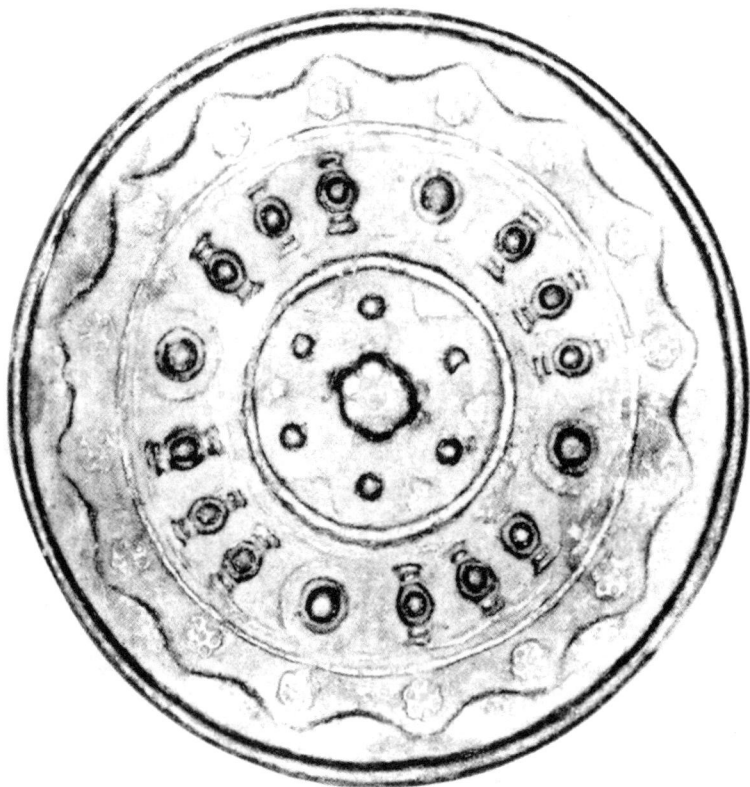

明四子十二孙镜

　　根据梁氏著录及附图，此镜并非汉镜，而是明镜。贵港市博物馆藏有一面类似铜镜，可兹比较。该镜直径67.5毫米。镜圆形，平顶圆柱形钮，无钮座，镜背以两周凸棱分隔为内中外三区，内区饰六乳钉与六云纹相间排列。中区以四乳钉分隔为四个小的纹饰区，每个区内饰三个花瓶形纹饰。《广西铜镜》一书称此种纹饰为"四子十二孙"，即以乳钉为"子"纹，花瓶形纹饰为"孙"纹，寓意子孙平安。笔者暂从。外区饰一周六瓣花纹并十六连弧纹[1]。

---

　　① 广西壮族自治区博物馆：《广西铜镜》，文物出版社，2004年，第258页。

99　漢禽鼠馬萄鏡

　　徑七寸一分[①]，重十有五兩九銖[②]。沿邊二圍，中有小點整斜錯落，聚三則變。凹下處為海馬，為翔禽，而葡萄十四簇密垂其後。又一圍，則減至八簇，六松鼠各拖大尾跳躍其間。紐亦一鼠也。皮日休詩"時驚鼯鼪，飛上千丈松"，林逋詩"畫嚴松鼠靜"

梁氏所錄 "漢禽鼠馬萄鏡"

---

　　①　該鏡直徑約合227.2毫米。此处，国图藏徐行可本作"径七寸一分"，则约合227.2毫米。《续四库全书》本作"径四寸五分"，则约合144毫米。今无法确定两个数字哪个更为准确，故都列于此。

　　②　該鏡重约565.8克。

意即指此而言。漢鏡惟海獸葡萄之格為最著，傳世亦最多。

　　高宗純皇帝《敕撰西清古鑑》此類多至三十三器，就中止一方者，餘並圓圓。凡龍鸞、鳥獸、鳳犀、蟲蝶、流雲、雜卉厥象不一，而皆以葡萄為歸宿，其大致都與《宣和博古圖》合。惟圖於鹿鳳葡萄之類，並以歸諸唐代。伏讀《古鑑》卷四十之第一器，按語謂“武帝通西域，得葡萄種之上林苑以誇示外國，故漢鑑多此形製，應是尚方所鑄”云云。今海內鑑賞家之得此種鏡，每視他鏡為倍。即內府所陳美不勝數，要亦此多而彼少，蓋漢去三代未遠，鼎彝鐙洗之屬雷同，鏤鑄古法猶存，況鏡為日用所必需，較諸有明宣德之爐尤關人事切近，一範之成可得千百。其時初通西域，異種始入中國，付之鼓鑄，雖為製時有變易，不離初宗。當時器出尚方，閭閻或轉相倣效，傳之今日，猶是銷毀之餘，未可以其多而疑之也。

- 图 考 -

唐海兽葡萄镜

根据梁氏著录及附图，此镜应为唐代流行的海兽葡萄镜，并非汉镜。陕西历史博物馆藏有一面铜镜与此类似，可兹比较。该镜直径152厘米，重644克。伏兽钮，无钮座，镜背以一周高凸棱分为内外两区，外区饰禽鸟跑兽穿梭于葡萄藤蔓间，内区饰六只形态各异的瑞兽嬉戏于葡萄藤中[1]。自宋代以来，当时收藏家多将此种铜镜视为汉代铜镜，并一直影响至清代。其断代原因诚如梁氏所引《敕撰西清古鉴》中所说的"武帝通西域，得葡萄种之上林苑以夸示外国，故汉鉴多此形制，应是尚方所铸"。由于没有考古学提供的科学发掘资料进行校正，这种错误的观点延续了数百年。此外，对于镜中动物的认知，将之理解为松鼠也缺乏根据，可能是唐镜经过长期流传，瑞兽的纹饰有所模糊导致的误读。松鼠的纹样在我国古代并不流行，大约至明清时期才在瓷器、木雕等艺术品中逐渐增多。清人较为熟悉"松鼠葡萄"这一题材，因此结合镜中的葡萄，将瑞兽识为松鼠。

---

① 陕西历史博物馆：《千秋金鉴：陕西历史博物馆历代铜镜集成》，三秦出版社，2012年，第333页。

100　漢鼠鳥葡萄鏡

　　徑五寸九分^①，重十有五兩^②。沿邊二圍，可二分強。中夾碎花，三瓣一蒂，安放絕莊整。凹下則八鳥飛翔反正跳躍於垂葡支蔓間。又一圍凸起，四方四鼠與中紐作巨鼠形而五，左右二鳥戢翼分向，葡萄間之。此種鏡每多海獸、海馬，間作鸞龍，此止鼠鳥，製亦少見。或疑取鳥鼠同穴之義，非也。葡萄於植物為藤類，而虬幹夭矯動延數

梁氏所录"漢鼠鳥葡萄鏡"

---

　　①　该镜直径约合188.8毫米。此处，国图藏徐行可本作"径五寸九分"，则约合188.8毫米。《续四库全书》本作"径三寸八分"，则约合121.6毫米。今无法确定两个数字哪个更为准确，故都列于此。

　　②　该镜重约552克。

畝，羣鳥棲鳴其上可食可憩，固屬物理之常，且其性如蔦蘿，好施長松之上，凡山坳松徑，必有一種大尾鼠，百十成羣出而竊食其實，卽架諸園林庭院間，此鼠亦能無端羣至，莫知所自，蓋氣類相為感召也。然則鼠鳥之於葡萄有較諸海獸龍鳳而更為天然湊合者，何必渭陰而後以同穴相異。鑄者固通夫格物之理，卽目前所見以示人也。

图 考

唐海兽葡萄镜

　　从梁氏著录及附图可知，此镜与上一面镜类似，亦非汉镜，而是唐代的海兽葡萄镜。浙江鄞州区博物馆藏有一面相似镜，可兹比较。该镜直径100毫米，伏兽钮，镜背以一周凸棱分隔为内外两区，外区饰鸟雀以各种姿态穿梭于葡萄藤间，内区饰四只瑞兽腾跃于葡萄藤间[①]。纹饰高企突出于镜背，立体感很强。

---

　　① 王士伦、王牧：《浙江出土铜镜（修订本）》，文物出版社，2006年，编号115。

101　漢海馬葡萄鏡

　　徑六寸八分[①]，重十有三兩八銖[②]。沿邊一圍稍斜，乃凹下，週作長點縱橫相間，更以密界豎畫環之。又一雙圍，海馬十二，樹鬣啣尾相追逐，反仰騰突諸勢咸備。圍內先環以小聯珠，而後葡萄八簇隨根蒂而勻排之，又散點遍佈，如雨垂露滴，其最粗者各至紐外小圍而止。故粗點亦恰成珠環。紐圓而素。按漢鑄此種鏡最多，大率內外兩

梁氏所录“漢海馬葡萄鏡”

---

　　①　该镜直径约合217.6毫米。此处，国图藏徐行可本作“径六寸八分”，则约合217.6毫米。《续四库全书》本作“径四寸四分”，则约合140.8毫米。今无法确定两个数字哪个更为准确，故都列于此。

　　②　该镜重约491克。

三重，其葡萄枝蔓有騎而圍過者，有及圍輒止而根株別起者。然無論馬、鼠、鳳、鷺、鳥、蝶之屬，悉出沒於葡萄藤實中間。惟此器，馬在外層葡萄在內層，截然而析分之，較他鑄為變格矣。

图 考

唐葡萄花鸟镜

　　根据梁氏著录及附图，这面铜镜并非汉镜，应为唐镜，但唐代的海兽葡萄镜多见外区葡萄内区瑞兽的设计，这种外区瑞兽，内区葡萄的设计非常罕见，笔者未见完全一致的。曾见一面外区花鸟，内区葡萄纹镜，可兹比较。该镜直径115毫米，重400克。圆钮，无钮座，镜背以一周凸棱分隔为内外两区，内区为一周缠绕的葡萄藤，外区饰八只鸟雀飞翔穿梭于葡萄藤蔓间[①]。如将此镜中之鸟雀置换为瑞兽，则与梁氏所著较为一致。另外，梁氏在这里注意到了唐代海兽葡萄镜纹饰中的一个特点，即葡萄枝蔓是否跨越中间的凸棱勾连起内外纹饰区的情况。从海兽葡萄镜的相关研究成果看，其早期葡萄枝蔓不越过凸棱，后期则越过凸棱勾连起了内外两区。

---

　　① 浙江省博物馆：《古镜今照：中国铜镜研究会成员藏镜精粹》（下册），文物出版社，2012年，第354、355页。

102 漢鸞馬葡萄鏡

　　徑七寸九分[①]，重四十有一兩[②]。邊圍三重，外偶內奇，中夾垂雲。稍凹，則海馬、青鸞相間飛躍，而枝幹廷蔓屈曲蟠結，每一鸞馬間各垂葡萄一簇，疏密適均。一圍內，葡藤沿圍向內茁生，上下各一馬，左右各一鸞，鬤鬣冠距，咸具其騰驤戲逐之勢輝煌爛漫之觀。物愈大，則鑄愈工，理固然也。漢鏡中此類雖疊出層見，而論刻劃稜峭工

梁氏所录"漢鸞馬葡萄鏡"

---

　　① 该镜直径约合252.8毫米。此处，国图藏徐行可本作"径七寸九分"，则约合252.8毫米。《续四库全书》本作"径五寸五分"，则约合176毫米。今无法确定两个数字哪个更为准确，故都列于此。

　　② 该镜重约1509克。

細精絕，實無逾此，竟可作工筆團扇畫讀矣。自來骨董家，每以枝蔓蒙罩圍面者，卽指為此種中佳品。予初未解，今見後二器，始服其說之有據。紐亦作一伏馬，為葡蔓中所繞者。卽無關切要之處而點綴亦能不離厥宗，是可與論文矣。

图考

唐天马瑞兽葡萄镜

　　根据梁氏著录及附图，此镜非汉镜，应为唐镜，笔者曾见一面与之相似，可兹比较。该镜直径205毫米，重2316克。伏兽钮，无钮座，镜背以一周凸棱分隔为内外两区，内区饰鸾、凤、狮、马各一，间隔以葡萄纹，瑞兽情态各异，或奔跑、或腾跃、或顾盼，精巧异常。外区饰一周瑞兽，禽鸟、跑兽种类不同，奔走于葡萄藤蔓间。镜缘饰一周云头纹[1]。

---

　　[1]　浙江省博物馆：《古镜今照：中国铜镜研究会成员藏镜精粹》（下册），文物出版社，2012年，第362、363页。

103 漢海馬禽鳥葡萄鏡

　　徑五寸一分①，重十有八兩②。沿邊一圍，斜入二分強。稍凹下，則葡萄、禽鳥穿躍其中，以小而多，不辨為何鳥也。其蒂蔓直外延至邊。內圍凸起，四海馬頭各外向跳擲。葡枝蒙圍入而分綴其旁。紐則一馬伏踞其中。式度尚非此類之至小者。

梁氏所录"漢海馬禽鳥葡萄鏡"

---

　　① 该镜直径约合163.2毫米。此处，国图藏徐行可本作"径五寸一分"，则约合163.2毫米。《续四库全书》本作"径三寸五分"，则约合112毫米。今无法确定两个数字哪个更为准确，故都列于此。

　　② 该镜重约662克。

-图考-

唐海兽葡萄镜

　　根据梁氏著录及附图，此镜并非汉镜，而是唐镜。陕西历史博物馆收藏有一面类似铜镜，可兹比较。该直径108毫米，重470克。伏兽形钮，镜背以一周凸棱分隔为内外两区，内区饰瑞兽四只，姿态各异，扭转腾跃于葡萄藤蔓间，外区饰飞鸟穿梭于葡萄藤蔓间。葡萄藤蔓越过内外区之间的凸棱勾连起两部分，镜缘饰一周云头纹[①]。

---

　　① 陕西历史博物馆：《千秋金鉴：陕西历史博物馆历代铜镜集成》，三秦出版社，2012年，第322页。

104　漢馬烏葡葡鏡

　　徑四寸七分①，重六兩二銖②。沿邊一圍，隨夾品字點。中一圍外，皆羣鳥飛鳴於葡
萄垂簇之處，内則四海馬環一鼠紐，葡枝亦旋繞其際。此與徑三寸五分一器禽鳥並同，
所不同者，無越過中圍之葡蔓，又四馬皆外向，此獨兩内兩外差異。然内圍凸起手所
先觸，或當新鑄時，圍面亦有枝蔓，歲久則摩掌漸平今不復見，固未可知。蓋圍脊已
遍作銅光，視全背有文處，古質頓殊，似可舉以為証耳。此器色近殷赤，惟赤為銅之

梁氏所录"漢馬烏葡葡鏡"

---

　　①　該鏡直徑約合150.4毫米。此處，国图藏徐行可本作"径四寸七分"，則約合150.4毫米。《续
四库全书》本作"径三寸二分"，則約合102毫米。今无法确定两个数字哪个更为准确，故都列于此。

　　②　該鏡重約224克。

正色，《說文》金五色，黃為長，銀白金也，鉛青金也，銅赤金也。段玉裁《解字》註云"銅色本赤，今之白銅點化為之耳"。又引《食貨志》"金有三等，黃金為上，白金為中，赤金為下"。孟康曰"赤金，丹陽銅也"，語與漢銘所謂"漢有善銅出丹陽"合，段按謂丹陽銅即《吳王濞傳》之章郡銅山。今此器色亦意出丹陽銅鑄也。

一图 考一

金仿唐海兽葡萄镜

根据梁氏著录及附图，此镜并非汉镜，但可能也非唐镜，而是唐以后的仿镜。因梁氏描述此镜铜色"此器色近殷赤"，唐镜为高锡铜，铜色银亮，唐以后铜镜中锡含量下降，因此铜色近暗红。宝鸡青铜器博物院藏有一面金代仿唐海兽葡萄镜，比较类似梁氏描述，可兹比较。该镜直径110毫米，重298克。伏兽钮，钮顶平，镜背以一周凸棱分隔为内外两区，内区饰四瑞兽，外区饰禽鸟穿梭于葡萄纹间。此镜铜色暗红，纹饰较模糊，是金代仿镜的特征[1]。

———————————

① 宝鸡青铜器博物馆：《对镜贴花黄——宝鸡青铜器博物院典藏铜镜精粹》，三秦出版社，2014年，第197页。

105 漢禽鼠葡萄鏡

　　徑四寸①，重七兩三銖②。沿邊平視如敔牙，其實斜下處週作朵雲，牙卽雲之垂也。
凹下，葡萄纍纍墜其星實，諸禽張翅鼓翼飛集其間。內圍凸起，枝實跨圍相與延蔓於
中，鼠在四隅，偶各一鼠蹲伏而首咸外向。中紐歧作黽形，則與他紐之無論馬鼠必以
類而五者殊異。《積古齋款識》所載商器之"亞敦"，周器之"祖巳壺"並有黽形，說
引禮器諸侯以黽爲寶，易曰十朋之黽是寶黽，惟天子諸侯有之，作器刻形以重世守。
又云黽卽古文'軌'字，象黽以爲軌物。按二說並與鏡文之四靈尚黽取神異者意不相

梁氏所录"漢禽鼠葡萄鏡"

---

　　①　该镜直径约合128毫米。此处，国图藏徐行可本作"径四寸"，则约合128毫米。《续四库全
书》本作"径三寸"，则约合96毫米。今无法确定两个数字哪个更为准确，故都列于此。
　　②　该镜重约262克。

涉，而此或與商周器取義轉同也。凡此種葡枝，其穿單圍頂，固十不及一，然未有若此鏡之凸起稜峭者。背色渾古，獨邊際稍稍露原質。他器正緣手所摩擦而然，蓋其紐高出，故反放最易敧側，而邊圍則反為受觸之所不及。惟此以龜作紐形，既低伏，故邊高如古著腳器，覆置不動，內圍雖屬峭，轉為手案所不著之地，枝蔓無損有由然也。

- 图 考 -

唐海兽葡萄镜

　　根据梁氏著录及附图，此镜并非汉镜，当为唐镜。但正如梁氏所说，此镜镜钮"歧作龟形，则与他纽之无论马鼠必以类而五者殊异"。笔者查阅大量资料，海兽葡萄镜镜钮以伏兽钮（有的著录也称"狮钮"）为主，偶见圆钮、龙钮，未见龟钮。当然，也有可能是后代仿镜，如果是，则其时代已无法确考。如不考虑镜钮，陕西历史博物馆藏有一面镜与梁氏所述较类似，可兹比较。该镜于1957年出土于陕西东郊王家坟，直径111毫米，重390克。伏兽钮，镜背以一周凸棱分隔为内外两区，内区饰四海兽腾跃于葡萄藤蔓间，外区饰禽鸟与葡萄纹相间，镜缘饰云头纹[①]。

---

　　① 陕西历史博物馆：《千秋金鉴：陕西历史博物馆历代铜镜集成》，三秦出版社，2012年，第327页。

106　漢小獸鳥葡萄鏡二

　　徑四寸二分[①]，重六兩二銖[②]。沿邊一圍，朶雲密繞，頭垂外向。又一圍凹下，羣鳥穿於葡萄枝實之中。內圍視邊倍寬，列四獸於四隅，上二向左，下二向右，枝為圍隔，勢雖內外緊接而未嘗騎越。紐作伏鼠形，一獸曳尾適為鼠口所唧，他鏡未之見也。邊稍高出，故內圍與紐皆不着於物。顏色古厚而畧赭。

梁氏所录"漢小獸鳥葡萄鏡"

---

　　① 　該鏡直徑約合134.4毫米。此处，国图藏徐行可本作"径四寸二分"，则约合134.4毫米。《续四库全书》本作"径二寸八分"，则约合90毫米。今无法确定两个数字哪个更为准确，故都列于此。

　　② 　該鏡重約224克。

-图 考-

唐海兽葡萄镜

　　根据梁氏著录及附图，此镜并非汉镜，而是唐镜。宝鸡青铜器博物院藏有一面铜
镜，与此类似，可兹比较。该镜直径98毫米，重346克。伏兽形钮，镜背以一周凸棱
分隔为内外两区，内区饰四只海兽卧于葡萄藤蔓间，外区相间饰雀鸟与葡萄纹[①]。

――――――――

　　① 宝鸡青铜器博物馆：《对镜贴花黄——宝鸡青铜器博物院典藏铜镜精粹》，三秦出版社，2014
年，第110页。

又一器同。

梁氏所录"漢小獸鳥葡萄鏡"又一器

藤花亭镜谱

107　六朝芍药鏡

　　菱花八瓣，兩末相距三寸五分①，重四兩八銖②。邊稍凸，圍如其瓣，凹下不及分，平入可二分弱，與邊同素。一圍內芍藥凡五，垂仰異態，軟葉低舞，穿插周匝，疏質僅露纖痕，品妙寫生而得諸冶練。剛物也，而柔用之，是有調燮之意焉。內一雙文小菱花，中作曲紋斜格，大致如車輪。紐適當其置軸處，質地不損，色尤澤厚，不以鑄鏤精良稍失古意。紐經揩摩，且復由瑩返黯矣。器本透光，第文類碎錦而模範淺細，非赤日當午且時加磨擦則未能全體澄澈耳。

梁氏所录 "六朝芍药鏡"

---

① 该镜直径约合112毫米。
② 该镜重约159.5克。

-图 考-

宋花卉纹菱花镜

  根据梁氏著录，此镜并非六朝镜，应为宋镜。陕西历史博物馆藏有一面类似铜镜，可兹比较。该镜直径116毫米，重160克。小圆钮，钮外为一周双线菱花纹，镜背主体纹饰区饰四朵花卉环绕一周，素镜缘[①]。考其花朵形态，似芍药或牡丹类花卉。此类花卉纹铜镜主要流行于北宋时期。

---

  ① 陕西历史博物馆：《千秋金鉴：陕西历史博物馆历代铜镜集成》，三秦出版社，2012年，第470页。

108　唐小十二辰鏡　有字無銘識

　　徑二寸二分①，重兩有二銖②。沿邊一圍，其內作地支十二辰所屬毛、鱗、羽、介諸形。又一圍，內正書自"子"迄"亥"十二字。再一圍，則內環卦畫，各以直畫隔之。惟卦文八直外，則皆十二直貫徹內外兩重，使形字相屬各從不紊。素紐，邊外高僅分許，由內度之，尚可足一分，則底質之平薄可知，而清光瑩澈尤足貴異。背則深綠，勻罩無積凸痕，蓋自然古色從未沾着水土故也。內府藏漢海獸葡萄鑑中，有外輪列十二屬者，按語引《軒轅內傳》帝鑄鏡十二，隨日用之云云，見《西清古鑑》。然則後世每列地支之數及十二相形於鏡，自有所本。非憑臆造。且據葡萄鏡，則地支之鑄漢人已先倣古製為之，而唐代又沿漢鑄之舊，更非所創始矣。

梁氏所录"唐小十二辰鏡"

---

① 该镜直径约合70毫米。

② 该镜重约40克。

─图 考─

明八卦十二生肖镜

　　根据梁氏著录及附图，此镜可能不是唐镜，而是明代晚期的铜镜。唐代十二生肖镜中多见八卦，但未见同时铸"子"迄"亥"十二字的。笔者曾见一镜，与梁氏所著比较接近，可兹比较。该镜直径80毫米。小钮，无钮座，镜背以三周弦纹分隔，最内一周为八卦纹，其外为"子"迄"亥"十二字铭文一周，最外为十二生肖动物纹[①]。

---

　　① 栗滨：《北方草原古铜镜》（辽镜、金镜、元镜篇），远方出版社，2008年，第248页。

109　唐八卦十二屬鏡

　　菱花六瓣，兩末相距三寸四分[①]，重七兩二銖[②]。週畫八卦，二圍中夾十二辰所肖形如鼠兔之屬。其內近紐處頗泐，惟龍虎二物可辨，餘有作蛇形者。然夾圍旣畫十二屬，則蛇在其中，此何以複出不可解也。說詳小十二辰鏡。

梁氏所录 "唐八卦十二屬鏡"

---

① 该镜直径约合108.8毫米。

② 该镜重约261克。

－图 考－

宋八卦龙虎镜

根据梁氏著录及附图，此镜并非唐镜，而是宋镜。唐镜铸八卦及十二生肖纹的，镜钮处不会铸龙虎纹，与梁氏所著纹饰完全一致的铜镜笔者尚未见过，但笔者曾见一镜，较类似于梁氏描述，可兹比较。该镜直径120毫米。小圆钮，八瓣花形钮座，镜为八出菱花形，八菱花内铸八卦纹，内为一周铭文，文字漫漶无法辨识，最内为龙虎纹，此类纹饰源出东汉晚期至三国时期流行的龙虎镜，是宋代仿古的纹饰[①]。此镜与梁氏所著最大不同是没有一周十二生肖纹。

---

① 栗滨：《北方草原古铜镜》（辽镜、金镜、元镜篇），远方出版社，2008年，第249页。

110　唐四靈卦節鏡　有字無銘識

　　徑五寸六分[①]，重十有二兩八銖[②]。沿邊一圍，內按序書二十四節氣。又一圍，所列皆禽、獸、鱗、介之屬三十餘種，多在地支十二肖之外者。又一圍，周刻神象十有二，有獸首者並人身冠服，手各持一兵。唐張彥遠《歷代名畫記》卷三有述，古秘畫珍圖

梁氏所录 "唐四靈卦節鏡"

---

① 该镜直径约合179毫米。

② 该镜重约454克。

中有"十二屬神圖"即此也。圖不知創始何代，《識小錄》載，康熙辛酉，都城西安門內有治宅得唐濮陽卜氏墓，環列十二辰相，獸首人身。然則由來已久，而唐人特喜為之耳。復以其內一圍，環畫八卦而間以天干之甲、乙、丙、丁、庚、辛、壬、癸。末圍則龍鳳龜麟分踞其內。紐亦肖形一物，然漫漶不可辨矣。漢鏡八卦十二辰十二屬四靈星神之類指不勝屈，而未有若此鏡之詳者，其二十四節、天干並以篆體書之，地促字扁，故不能工。若以漢人為之，則點畫分明，雖細如絲髮，其配搭揖讓之法纖毫不失。大率漢時原有此器，唐人得而摹之，作範者既不解講求篆法，故鑄出僅得形似。時代相去匪遠而摹寫字畫不啻天淵如此。然銅質古赤，的非宋以後物也。

- 图 考 -

元四神廿八宿镜

　　根据梁氏著录及附图，此镜并非唐镜，而是元至明时期铜镜。梁氏所著此镜纹饰十分罕见，不但著有二十四节气铭文，还有兽首人身的十二生肖。目前笔者仅见两面，今举辽宁省博物馆所藏一面铜镜进行比较。该镜直径177毫米，重480克。伏兽形钮，镜背由三周弦纹分隔为四层纹饰带，由内向外分别为四神纹、八卦纹、十二生肖纹及二十八宿，最外层的铭文带，铭文为上下合文的二十四节气[1]。此镜即有篆书二十四节气，又有兽首人身十二生肖、还有各类动物形象三十余种、八卦纹和天干、四神各类纹饰，当是用于宗教祭祀或辟邪之用。有专家认为内容可能与唐代道教的符篆有关系[2]。另一面类似的铜镜藏于旅顺博物馆[3]。

---

　　① 辽宁省博物馆：《净月澄华：辽宁省博物馆藏古代铜镜》，辽宁大学出版社，2013年，第430页。

　　② 王育成：《唐代道教镜实物研究》，《唐研究》（第六卷），北京大学出版社，2000年，第45～47页。

　　③ 旅顺博物馆：《旅顺博物馆藏铜镜》，文物出版社，1997年，第153页，该镜原书中定为宋代，可能偏早。

111 唐雙龍拱壽鏡

　　徑三寸八分[①]，重五兩九銖[②]。沿邊一圍稍凹下，陽文二龍蟠旋於中紐之外。紐面作一壽字，圓可五分強，質地有積起黑點，意當鑄成時稍加薄漆，歷年旣久，漆力散走黑光退盡，乃結而為此種形質，非銅性所自有之色也。

梁氏所录“唐雙龍拱壽鏡”

---

① 该镜直径约合122毫米。

② 该镜重约198克。

-图考-

明—清"寿"字钮双龙镜

　　根据梁氏著录及附图，此镜并非唐镜，而是晚期明至清时期的铜镜。河北保定藏有一面类似铜镜，可兹比较。该镜直径123毫米，重355克。圆柱形钮，钮顶平，铸一"寿"字。镜背以阳文单线饰双龙纹，双龙围绕着钮一上一下作双龙翻腾戏珠状①。钮顶铸"寿"字见于明代，至清初还有，此镜为明至清时期的典型铜镜。

---

　　① 河北省文物研究所：《历代铜镜纹饰》，河北美术出版社，1996年，编号第423，原书中该镜时代定为清，但考故宫藏有多面明代"寿"字钮素镜，因此特定为明清时期。

112　唐雙龍鴛蝶鏡

葵花八瓣，兩末相距四寸一分[①]，重十兩強[②]。邊隨瓣凸起，四花四蝶相間而八。一圍內作二龍上飛下躍，嶄然歧角，非蛟非虬也。左右兩花垂蔓，花上對立鴛鴦，空處亦儼以細碎花朵。紐如覆釜。背質純黯而光生於內。其高凸着手之地色變黃净，與今所收沿邊補鏤之宋雙蛟鏡相似。古者鑄鏡以白銅為主，而萃聚五金為之配合，故色無全黃。今有黃無白者，必其下爐時但取材黃銅，屏絕鉛錫和以赤金，故積塵偶去頓彰

梁氏所录“唐雙龍鴛蝶鏡”

---

① 　該鏡直徑約合131毫米。

② 　該鏡重約368克。

原質。其所以滑不留手者，金實為之。予曩編輯海防官書局中採訪，有謂明末鑄碯以黃白金少許入之，則數百年內菌亮澤如脂，蓋嘉靖年所得"佛郎機"之遺法，驗之信然，且謂銅鐵得金氣籠罩，自無泡凹之患云。以此鏡推之，意前人鼓鑄已得其秘，不傳中土而傳之海外，猶西人測驗雖精，實本中國籌人為胚胎同一理耳。

- 图 考 -

唐双龙鸳鸯葵花镜

根据梁氏著录及附图，此镜确为唐镜。旅顺博物馆藏有一面类似铜镜，可兹比较。该镜直径130毫米，重654克。镜为八出葵花形，圆钮，每个葵花瓣内间隔饰云纹与蝶纹，镜钮上下各饰一条龙飞行腾跃于云间，镜钮左右各一朵折枝莲花，花心上各一只鸳鸯隔钮相对而立[①]。

---

① 旅顺博物馆：《旅顺博物馆藏铜镜》，文物出版社，1997年，第116页，该镜原名"对鸟双龙镜"。

113 唐摹二神龍虎鏡

　　徑五寸[①]，重十有六兩二銖[②]。沿邊一圍稍斜而下可三分許，一圍內週以敵牙外向，復以密排豎畫環之。再疊二圍，上下二神相背而坐，神旁物似卽其坐具也。左龍右虎，虎形故作延長勢，使配龍之夭矯。四隅則以四乳間之，內作雙文方格，再環小圈，圓紐在中，方圓相交處有如篆文'十'字者補其空角。凡鏡鑄二神、四神者，惟漢最盛，六朝亦間有之。唐人往往好摹古製，於銘文外別有楷書自識其姓或名，此獨無之，而斷為唐摹者，質雖薄而入手稍重，色雖舊而着手易退，工作亦遜漢人之淳茂故也。

梁氏所录"唐摹二神龍虎鏡"

---

① 该镜直径约合160毫米。

② 该镜重约591.9克。

-图 考-

明仿汉龙虎神人画像镜

　　根据梁氏著录及附图，此镜并非唐仿汉镜，而较大可能为明仿汉镜。从纹饰上看，此镜与汉代流行的龙虎神人画像镜差别不大，但梁氏关注到了这面铜镜"质虽薄而入手稍重，色虽旧而着手易退，工作亦逊汉人"的特点，说明其确实有可能为后仿。长沙市博物馆藏有一面类似铜镜，可兹比较。该镜直径118毫米，重255克。纹饰仿汉代龙虎画像镜。半球形钮，连珠纹圆钮座，钮座外为主体纹饰区，由四乳钉分隔为四个纹饰区，镜钮上下两区分别饰龙、虎纹，左右两区饰神人，应是东王公、西王母。主体纹饰区外为铭文带，铭文模糊不可辨。其外为短直线纹及锯齿纹各一周。此镜为1981年于长沙市黄泥坑明墓出土①。

　　① 长沙市博物馆：《楚风汉韵：长沙市博物馆藏镜》，文物出版社，2010年，第234页。

114 唐飛龍鏡

　　葵花八瓣，兩末相距五寸四分①，重十有六兩②。邊如其瓣，凹不及分。中止一飛龍，鱗甲纖巧，首尾爪鬣全具，四面流雲伴其蟠躍，適環繞於紐之中。背滑澤不澀，色作深青光可鑑物，是從未入土者，藏家遞傳尤多手澤。器稍寬大，益足形其平薄也。此亦唐人摹古之物，當并其厚薄輕重之數而倣為之者。蓋唐人所自鑄則寬廣，至是者其厚重必倍加也。

梁氏所錄“唐飛龍鏡”

----

① 该镜直径约合173毫米。

② 该镜重约589克。

-图 考-

唐葵花形龙纹镜

　　根据梁氏著录及附图，此镜确为唐代龙纹镜。陕西历史博物馆藏有一面类似铜镜，可兹比较。该镜直径156毫米，重617克。八出葵花形，圆钮，无钮座，镜背主体为一身姿矫健的巨龙腾跃于流云之间，龙呈回首状，龙口张开做欲吞噬钮状[①]。唐代的龙纹镜气势不凡，其出现与唐玄宗时期"千秋节"进奉龙镜有关。

---

　　① 陕西历史博物馆：《千秋金鉴：陕西历史博物馆历代铜镜集成》，三秦出版社，2012年，第356页。

115　唐四乳藏虬鏡

　　徑二寸九分^①，重五兩^②。邊圍四分，純素，稍凹。二圍中夾四乳，各有小圍環之。乳間分作虬形甚簡，首尾署具而已。一圍可二分弱，紐外薦，亦素質。此與今所收之唐四乳四龍鏡小異大同，惟內外無細密界畫，工製較樸耳。左一虬下有識，文如四乳龍鏡之以人持軸而加字其上者。然文拉雜不甚辨^③。

梁氏所錄"唐四乳藏虬鏡"

---

　　① 該鏡直徑約合92.8毫米。

　　② 該鏡重約184克。

　　③ 細審附圖，可知此鏡銘識內容為"包家青銅"。

-图 考-

明仿汉四乳四龙镜

　　根据梁氏著录及附图，此镜并非唐镜，而是明代仿汉镜。笔者曾见一类似铜镜，可兹比较。该镜直径85毫米，重183.8克。镜圆形，小圆钮，圆钮座。钮座外饰四乳间隔四龙纹。镜钮左侧一龙纹上套铸铭文，铭文双行，每行四字，内容为"假充李镜，真乃猪狗"。其外为一周短直线纹。宽平素镜缘[①]。此镜上铭文为明代李家铸镜坊为防止其他竞争对手仿冒而制作的。

---

① 　吴汝瑞：《铜都藏镜选》，远方出版社，2005年，第242页。

116　唐四乳八夔鏡

　　徑三寸五分^①，重六兩五銖^②。邊圍可二分強，凹下。二圍四乳夾其內，乳必墊以花瓣，似梅而七出，每乳一。其間各有夔二，首尾分明兩兩相對。內一圍週寬逾寸餘，與紐並素。然近邊一銅凸起，如今所收唐摹漢宜子孫鏡之別識‘馬’字然者，細審又莫能辨認。背則光澤黃淨，面光視庸器作十倍加矣。

梁氏所錄“唐四乳八夔鏡”

117　唐小四乳夔龍鏡

　　徑三寸二分[1]，重五兩二銖[2]。邊純素，可三分強，凹下及分。又二圍，四乳加環位於四隅，其四面各間以夔龍。一圍內密排斜畫，再一圍可分許，稍凸起。紐在小圍之內，其外已泐，似字非字，不復可辨矣。

梁氏所录"唐小四乳夔龍鏡"

---

① 该镜直径约合 102.4 毫米。

② 该镜重约 187 克。

-图 考-

汉四乳四龙镜

根据梁氏著录及附图，此镜或为汉镜，并非唐镜。此镜纹饰为典型的汉四乳四龙（或称四乳四虺），可能为汉镜，也不能排除后仿的可能。今以安徽省文物考古研究所藏一面汉镜进行比较，该镜直径162毫米。圆钮，圆钮座，钮座外一周宽平带，其外两周短斜线纹间夹主体纹饰区，主体纹饰以四乳钉分隔为四区，每区内饰以简化龙纹，龙飞腾于云气间，伴随以鸟纹。宽平素镜缘[1]。明代也有不少此类纹饰的仿镜。

---

① 安徽省文物考古研究所、六安市文物局：《六安出土铜镜》，文物出版社，2008年，第44、45页。

118　唐化龍葵花鏡二

　　葵花瓣稍圓，凡兩末相距二寸八分[①]，重三兩七銖[②]。瓣各相連沿邊之。一龍與常畫同，惟魚尾後再加龍尾為可異。意其本為河鯉所化而未及盡變，猶俳徊於禹門上下時也。有紐無識。

梁氏所录“唐化龍葵花鏡”

---

①　该镜直径约合90毫米。

②　该镜重约121克。

- 图考 -

宋—金摩羯纹镜

　　根据梁氏著录及附图，此镜并非唐镜，而是宋金时期的摩羯镜。梧州市博物馆藏有一面类似铜镜，可兹比较。该镜直径91毫米。八出葵花形，圆钮，镜背主体纹饰为一龙首鱼尾的摩羯环绕镜钮，身躯扭转，作回首吞噬钮状[①]。摩羯纹来自西方，最初是希腊神话中黄道十二宫的摩羯宫，经过东传，与印度佛教发生融合，产生了鱼尾龙身的摩羯形象，进而传入中原，唐代金银器与瓷器上已有发现，至宋辽金时期非常兴盛，元代以后渐渐消失。

---

① 广西壮族自治区博物馆：《广西铜镜》，文物出版社，2004年，第185页。

又一鏡，質製權數全同而范異。

梁氏所录"唐化龍葵花鏡"又一器

119 唐菊有黄花鏡

　　徑四寸①，重十有六兩②。邊以內凡二圍，週作菊花，枝葉茂密而整斜橫直變換，不複不強。葉根反正鈎勒亦極細極活，是非善畫者不能一。紐在中，高出仍作仰菊狀，複薦以一花。通體水銀透入而清。大來古鏡鑄多以菱葵為邊，桂子荷花之屬，皆供點綴，惟滿幅黃花者絕少。蓋銅色黃，他花象形不象色，惟此則形色並肖。意作者有彭澤之嗜③歟，抑治於十月，目觸而手成之也。

梁氏所录"唐菊有黄花鏡"

---

① 该镜直径约合128毫米。

② 该镜重约588.8克。

③ 彭泽，指陶渊明，曾任彭泽县令。彭泽之嗜，指陶渊明喜好菊花。

－图 考－

金—元菊花纹镜

　　根据梁氏著录及附图，此镜并非唐镜，而是金元时期铜镜。笔者曾见一镜较类似，该镜直径80毫米。镜圆形，圆钮，无钮座，钮座外饰六朵菊花，菊花间以菊花枝叶间隔[①]。金元时期较为流行此种纹饰。

---

① 栗滨：《北方草原古铜镜》（辽镜、金镜、元镜篇），远方出版社，2008年，第92页。

120　唐纖月虬乳鏡　有刻字梵書

　　徑二寸七分[①]，重三兩九銖[②]。邊圍寬可二分強，凹下逾分，斜畫環之。二圍中夾小四乳，位於四隅。上下左右各有一虬，意殊質簡。內圍寬僅及分，四方各作纖小初月，三斜畫間之。素紐有薦。背色黔黯如銕，面則燎亮放明。刀鑴一袒肩露臂盤膝坐蓮花上者，蓋卽佛經所稱準提也。兩手平疊其掌如常人，其背更別出十有四手，分持幢、瓶、書、劍、斧、杵、鉤、砕、珠、索、搖鈴、花果諸物，邊刻梵書凡二十有七，意以供諸佛座者，文縷不及所鑄之古，鑄成後之所增刻也。予藏宋福窑像以施大佛寺丈室，展宏詩僧使奉之矣。

梁氏所录 "唐纖月虬乳镜" 镜背

---

①　该镜直径约合86.4毫米。

②　该镜重约124.2克。

梁氏所录"唐纖月虬乳鏡"镜面刻画佛像

-图 考-

　　根据梁氏著录及附图，此镜镜背纹饰为汉四乳四龙纹，但不能排除为后仿的可能，因此不能确定为何时，但其正面刻画准提形象及梵文的形式绝非唐代，可能在元明时期。故宫博物院藏有明代准提咒文镜一面，可兹比较。该镜直径97毫米，重443克。镜圆形，镜背无钮，以一周弦纹分隔，内区为纹饰区，铸十四臂观音，每只手各持不同法器。外区为铭文区，铸一周汉文准提咒。此镜镜面亦铸一周铭文，为梵文准提咒[①]。梁氏所著之镜或为依托古镜后刻，但原镜为何时则难以判断。

---

　　①　何林主编：《你应该知道的200件铜镜（故宫收藏）》，紫禁城出版社，2007年，第236、237页。

明准提咒文镜

121　唐六獅鏡二

　　徑二寸一分①，重七兩五銖②。沿邊二圍四下。二圍疊為豎畫，外密內疏作大小仰竹形，疏處頗類貫珠。中作獅子凡六，首各相對，尾各相拂。凡獅尾，本勁豎而末松散，今就中二獸尾稍單垂曲下，而形象一與四獸同，其曲下處卽鬆散之省筆，無足疑也。又一圍，作連珠狀。鈕純素，背質光滑如漆，面映日遠射發大光明。唐人最工巧之器也。

梁氏所录“唐六獅鏡”

---

① 该镜直径约合67毫米。

② 该镜重约265克。

—图考—

唐六瑞兽镜

　　根据梁氏著录及附图，此镜确为唐镜。笔者曾见一面六瑞兽镜可兹比较。该镜直径 105 毫米，重 504 克。镜圆形，平顶圆柱形钮，无钮座，钮外以一周连珠纹分隔，外区为主体纹饰区，饰六只形态各异的狮形瑞兽，其外饰两周锯齿纹[①]。此镜除钮制外，均与梁氏著录之镜非常相似。

---

　　① 浙江省博物馆：《古镜今照：中国铜镜研究会成员藏镜精粹》（下册），文物出版社，2012年，第 332、333 页。

《藤花亭鏡譜》图注考释

　　又一鏡，沿邊一圍，高可二分，凹下亦二分許，而卽及次圍。餘與前器悉同。鑄工稍不及前，諸獸描畫亦遜其精緻。背微着薄綠，當是入水未久者。謹按《西清古鑑》有"唐舞鳳狻猊鑑"，《爾雅》註"狻猊"卽"獅子"也。今西洋諸國多有之，入市之"合省國"，其地更在西洋之西，居民不畏虎而畏獅。康熙中，西洋意大里亞國籠以入貢，極神駿威猛。後走脫西去，走之日卽出關。日由都過關，不過後兩時許，關上人並見之。其行速如此，則百獸之靈者矣。

梁氏所录"唐六獅鏡"又一器

122　唐龜鶴鏡三，二圖

　　徑三寸①，重四兩三銖②。沿邊一圍隨凹下。清漪淪淪波瀾壯闊，上下皆有琪花瑤草，雙鶴作對駢飛其上，龜紐宿甲分明。兩鶴嘴交連處，幾與龜鼻鼎足聯接，乍見疑與龜息相為呼吸者，蓋模範逼狹限於地然也。花紋細密十分，而明晰亦十分，絲毫不紊。宋以後，鑄稍細便苦模糊，以此觀之，古今之不相及，工藝亦有然矣。

　　又一鏡，質製權數並同。不圖。

　　又一鏡，質製權數並同，惟背古色盎然自發光亮。龜背正中宿文與沿邊一線均視。本質較新，亦摩擦之所致也。三鏡中獨此舊有手澤，以是徵之矣③。

梁氏所录 "唐龜鶴鏡"

---

①　该镜直径约合96毫米。

②　该镜重约152克。

③　此镜梁氏著录两面，但细审其附图，两镜附图一致，故另一镜图不再另附。

-图 考-

日本室町时代龟鹤花卉镜

根据梁氏著录及附图，此镜并非唐镜，而是日本和镜。西安市新美域和镜博物馆藏有一面龟鹤花卉镜可兹比较。该镜直径76毫米，重82克。镜圆形，龟钮，龟首向上，两鹤翱翔于空中，口部与龟相接，呈鼎足状，龟钮下方饰一折枝花。主体纹饰外为两周弦纹，素镜缘[①]。此镜与梁氏所著不同之处在于没有水波纹，但这种龟钮双鹤，且双鹤与龟口部相接的纹饰正是和镜的典型纹样，当非汉镜。

---

① 《和秉汉源——新美域和镜博物馆藏和镜精选》（内部资料）。

123 唐四乳六禽鏡

　　徑二寸六分[①]，重四兩六銖[②]。邊圍二分強，凹下。一圍週作斜畫，內圍亦然。四乳夾置兩圍中之四隅，其四正各有一篆文，已澭漫不可辨，出范时已如此，非泐也。四字方長各異形，且每字尚各有文畫可見，而細審實難強釋。器本透背，字轉模糊，不得不作尋常文飾，姑與無銘識諸器同隸於此。再大小二圍亦夾以斜畫八。紐長而正，視反圓與薦稱。

梁氏所錄 "唐四乳六禽鏡"

---

① 該鏡直徑約合83.2毫米。

② 該鏡重約156.4克。

- 图 考 -

　　根据梁氏著录及附图，此镜颇多矛盾之处。首先是定名，此镜纹饰为汉代多见的四乳八鸟铭文镜，梁氏前述此类纹饰，多称其为"水蟲"纹，此镜却称为"禽"，而且数量是六，不知是何原因。此外，从梁氏著录看，此镜纹饰与铭文均较为模糊，与汉镜不类，很有可能是元明时期的仿镜。

124 唐山松龜鶴鏡

　　徑三寸五分[①]，重二兩[②]。沿邊一圍凹下。又一圍而沙洲雙鶴毛翼整齊一舒一歛，並見瀟洒自得之致。沙嘴飛濤，噴沫流蕩。右則石山數疊，老松虬幹橫延垂蔭而後。山腰流泉湧射而出，激作飛濤撞石，隱若有聲。其間竹林雜樹補綴兩旁，直環繞掩映於邊圍後次圍前者，幾不可悉數。紐作龜形，以立鶴按之，龜首當以向上為正，今作橫蹲左向，其鼻遂與兩鶴喙緊相對接。別有龜鶴鏡，兩鶴嘴下垂，其銳直接龜首，以為偶然，今此鏡鶴立左方而改龜之向以就之，是明明示人以龜息吐納之意，金丹大旨隱見一班，固不獨備祝嘏延齡之用矣。制畧與晉真子飛霜鏡同，顧就其質言，則不過唐器而已。

梁氏所錄"唐山松龜鶴鏡"

---

① 　該鏡直徑約合112毫米。

② 　該鏡重約73.6克。

-图 考-

日本17~18世纪松鹤纹龟钮镜

　　根据梁氏著录及附图，此镜并非唐镜，而是和镜，或为明代中国的仿和镜。清华大学艺术博物馆收藏有此类和镜，可兹比较。此镜直径136.5毫米，重1185克。镜为圆形，龟钮，镜背以透雕的感觉铸出纹饰，龟钮右侧是一株茂密老松及几支竹子，左侧沙洲上两只鹤一高一低，一作低首，一作昂首，鹤喙正与龟口相接。主题纹饰区外为双弦纹，镜上方铸"天下一菊田"，右下方铸"美作守清久"[①]。此镜铸造极为精良，梁氏所著录之远不及此，但两镜题材一致，只是工细程度不同。

---

　　① 王纲怀：《清华大学藏日本和镜》，清华大学出版社，2011年，第14、15页。

125　唐四乳水蟲鏡

　　徑二寸八分[1]，重五兩五銖[2]。邊素，寬三分，凹下可分許，週環斜畫。二圍中夾四乳，分位四偶，乳間各以二水蟲間之，內環作斜畫。紐圓銳有薦。今所收"馬青鏡""呂氏四乳鏡"並有水蛭，多者十二，小者八。大旨以水雖清必有蟲游其上，鑄者蓋自詡其所爲鏡本清明無瑕有類於水，而刻劃背文種種如此，而無損其光，亦猶蛭之行於水而不害其爲清也。罕譬之意可想象而得之。顧或者疑爲龍虬之省，又以有足象

梁氏所錄"唐四乳水蟲鏡"

---

① 該鏡直徑約合89.6毫米。

② 該鏡重約191.7克。

虎，因而揣度紛紜。然虬無爪尾，虎足有後無前，強不相肖者以當其名，不能也。古人鑄形象物，惟取其肖而實其義，後之考證但取其至肖者以還之，斯羣喙息矣。

- 图 考 -

根据梁氏著录及附图，此镜并非唐镜，而是汉代四乳八鸟镜。此类铜镜前已述多面，此不再赘述。

126 唐六乳花枝鏡

　　徑三寸[①]，重三兩二銖[②]。素邊可二分強。一圍內環以敵牙，似凹實平，週界斜畫。二圍中夾六乳，上下各二，左右一。乳間各間以柔枝弱卉。稍凸一圍可及分。紐圓銳。背面並為土氣所侵，全露深碧，異彩透亮。面上剝去數點，堅實之意自如，扣之聲若古瓷，細薄玲瓏，品之至佳。不可以稍失厥用而遽棄同敝屣也。

梁氏所錄"唐六乳花枝鏡"

---

① 　該鏡直徑約合96毫米。

② 　該鏡重約113.5克。

-图 考-

汉简化博局纹镜

　　根据梁氏著录及附图，此镜确为汉镜，并非唐镜。笔者曾见一镜较为类似，可兹比较。该镜直径91毫米，重87克。圆钮，圆钮座。钮座外饰简化博局纹，博局间饰四乳，并以云气纹填充，云气纹即梁氏所说的花枝纹。其外饰短直线纹与锯齿纹各一周[1]。

---

① 朱光耀：《藏鉴录》，内部印刷品，2009年，第270页。

127　唐小四乳鏡

　　徑二寸二分[1]，重二兩四銖[2]。沿邊一圍，內可三分許，純素無文。又二圍，中密排短直文。再一圍，內作四乳，乳有小圍，各以一花瓣間之。紐在最內一圍之中。

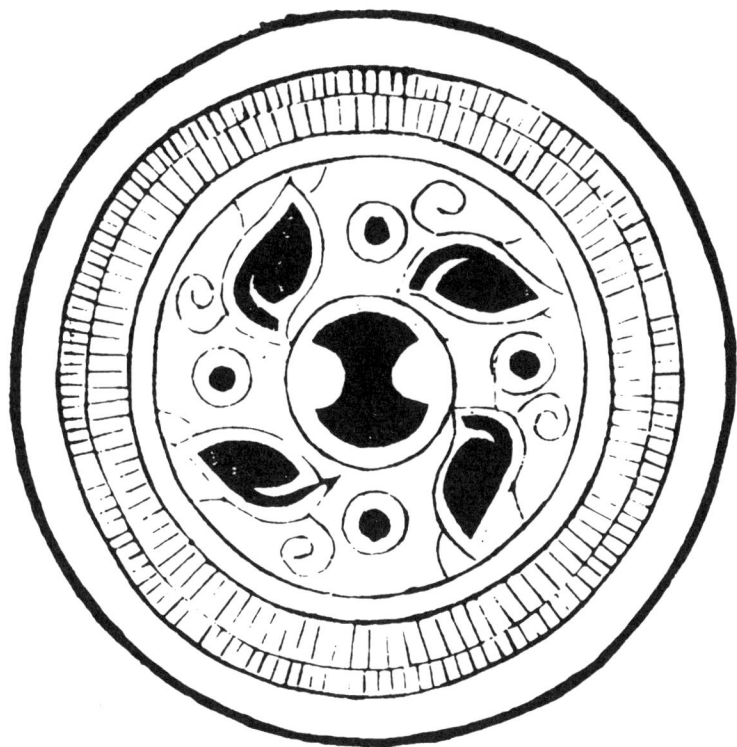

梁氏所錄"唐小四乳鏡"

---

① 該鏡直徑約合70毫米。

② 該鏡重約80克。

-图 考-

汉四乳四鸟镜

　　根据梁氏著录及附图，此镜并非唐镜，而是汉代四乳四鸟镜。所谓"花瓣"，当是鸟纹模糊后的误读。1999年山东枣庄滕州故庙墓地出土一面类似铜镜，可兹比较。该镜直径76.7毫米，重49.6克。圆钮，圆钮座，钮座外为主体纹饰区，以四乳四鸟相间排列。其外饰双弦纹、锯齿纹各一周[①]。

---

　　① 山东省文物考古研究所：《鉴耀齐鲁：山东省文物考古研究所出土铜镜研究》，文物出版社，2009年，第332、423页。

128 唐仙兔守月鏡

　　徑三寸二分①，重三兩七銖②。沿邊一圍，仰竹而下，週作流星。四隅如纖月、如眉彎者，自下而上，自右而左，規形內向中圍若圓月，內外復夾以流星。揣其意，有由一而三，纖影以次遞加，至中而滿，末仍縮而小之者。隱寓上、下弦，生、死魄之義。然其界限消息則甚微，非竭精細審之不喻也。月間各有一兔，作撲索跳躑之狀。

梁氏所錄"唐仙兔守月鏡"

---

① 該鏡直徑約合102毫米。

② 該鏡重約120克。

《後漢書·天文志》記，月者陰精之宗，積而成獸，象免。陰之類，其數耦。後有憑焉者，羿請無死藥於西王母，姮娥竊以奔月。蓋用其說圖而出之。月圍內又作桂枝四叢，柯葉離披，植根於月輪中央。一紐質圓，摩之稍平矣。紐上下皆作雲翳，豈山河大地之倒影耶？抑脩月八萬二千戶之所隱蔽耶？唐自元宗入月宮，歸作《霓裳羽衣曲》，因而玉環製譜，供奉梨園。一騎紅塵，閭閻麋頌。當時月宮所有物象，雖庸耳俗目無不傳以為真。而鏡有月象，較諸金烏，義御為尤宜鑄文之所由起也。此亦透光中之清而不雜者。

- 图 考 -

根据梁氏著录及附图，此镜当非唐镜，或为金元时期铜镜。笔者未曾见过一致的铜镜，但此镜内区折枝花卉纹多见于宋、金、元时期，暂定于金元时期，以待今后考古发现验证。

129　唐廣寒宮鏡

　　徑三寸一分[①]，重四兩強[②]。沿邊一圍，稍作片石，丹桂一株高出至頂，密葉四覆鈎勒清勻。廣寒月宮樓殿兩層，僅露其角，下則浮雲蔽虧。一兔作人立，持杵向白，白卽紐也，位諸當中。迆右稍下順杵勢所及處信手為之位置，再下則瀾濤風湧雪浪銀波，蓋月中全景盡於是矣。唐鏡喜圖繪，故實得九鼎象物之道。意此器生青活翠，斑駁陸離，以面之積綠按之，出土時必通體堆出。經宋人磨刮遂復平貼，然綠已透骨，不堪作照子用矣。厚不及分，除物形凸起，其薄幾如一葉。鑄出樓臺樹石，不尚工緻而古

梁氏所录"唐廣寒宮鏡"

---

① 该镜直径约合99毫米。

② 该镜重约147克。

意错落，模雅可观。就臼作纽，不复区区求适中地另起炉竈，是虽小巧而灵思妙想，尤非庸工可及矣。

- 图 考 -

宋月宫图镜

　　根据梁氏著录及附图，此镜并非唐镜，而是宋镜。唐宋月宫图镜在画面构图上有明显差异，唐代月宫图镜通常会铸出嫦娥形象，自宋代开始，月宫图镜通常不会铸出嫦娥。梁氏著录之镜与上海博物馆藏宋代月宫图镜非常接近，可兹比较。该镜通高149毫米，直径108毫米，重340克。镜圆形，下连流云形镜托，镜钮为象鼻形支架，与流云形镜托共同构成铜镜的支撑。镜背饰月宫图，左侧一颗桂树，树下一只玉兔持杵捣药，右侧茫茫云海中露出一栋楼阁，应是广寒宫[①]。整体画面舒朗，布局讲究，未出现人物，但表达意向清晰准确，韵味悠长。

---

　　① 上海博物馆：《练形神冶 莹质良工——上海博物馆藏铜镜精品》，上海书画出版社，2005年，编号116。

130　唐三圍素質鏡

　　徑四寸六分[①]，重二十有一兩八銖[②]。邊疊二圍，中作仰竹形，凹下及分。內圍中一紐如乳。按《宣和博古圖》於鏤文諸鏡外別出"素質"一門，其說引《列子》"太初未見氣，太易氣之始，太素質之始"語，謂氣變而有形，形具而有質，則色色自是起，故以純素終。予謂有形無質者，惟日月之光為然，餘則形卽其質。然二曜容光尚界於氣與色之交，鏡面則虛空四照，實取象乎懸明，素已莫素於此矣。背面文縷，則踵事增華之所必至，必文質適中而後崇效卑法有裨民事。若面面皆素，未免質勝而野，不可行矣。且其所謂素，實非素也。伏羲開天一畫便為萬代文章之祖，今此鏡於渾然昭質之中畫之成圍，如宋儒先天一圈者，方且一而再再而三是卽文矣，而尚可以純素目

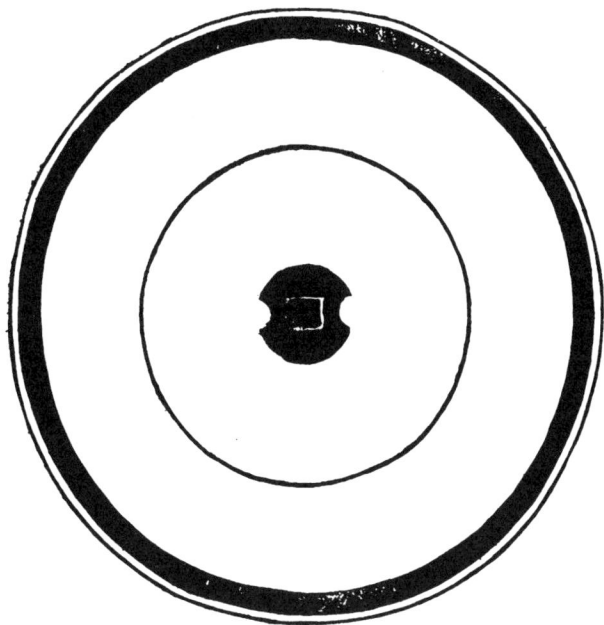

梁氏所录 "唐三圍素質鏡"

---

① 　該镜直径约合147.2毫米。

② 　該镜重约785克。

之乎。神禹鑄鼎，肇象物形，後之鼎、彝、尊、壺，刻銘鑲物咸追做焉。然則軒轅氏之鑄鏡於玉臺，舜臣尹壽復有繼鑄，周武王亦自銘其鏡，傳記並昭然可徵。意此三聖人之所作者，皆質素無文。高宗純皇帝取內府藏鏡之全素者，御題古詩凡七十有七字，書刻於上，諸臣奉敕編纂《西清古鑑》，恭摹以冠於諸鏡之首，至今奎章炳耀亘古為昭。誰謂鏡之素者不入學士賞鑑也哉。

- 图 考 -

唐凸弦纹镜

　　根据梁氏著录及附图，此镜或为唐镜，或为明镜，难以确证。今以相似唐镜为例，陕西历史博物馆藏有一面类似铜镜，可兹比较。该镜直径135毫米，重650克。镜背一周凸弦纹，通体无其他纹饰[1]。此类凸弦纹素镜始见于唐代，明代也有不少，不过两者在铜制上有明显差别，且唐镜通常较重，梁氏所著此镜重量明显超出其直径相同的其他镜，则唐镜可能性更大。

———————

　　① 陕西历史博物馆：《千秋金鉴：陕西历史博物馆历代铜镜集成》，三秦出版社，2012年，第453页。

131 唐棋紐素鏡

　　徑四寸二分[①]，重六兩[②]。邊圍仰竹。紐在兩圍之中。計凡三圍，與今所收三圍素鏡質製全同，惟紐圓扁如棋子形差異。

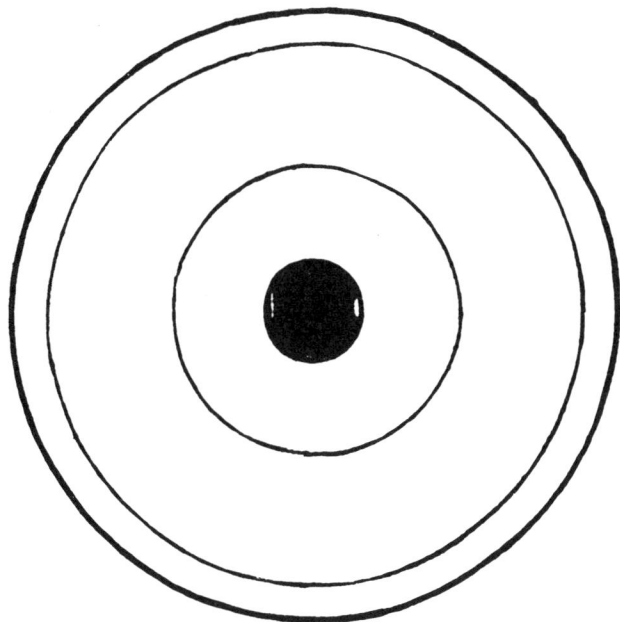

梁氏所录"唐棋紐素鏡"

---

① 该镜直径约合134毫米。

② 该镜重约221克。

-图 考-

明弦纹素镜

　　根据梁氏著录及附图，此镜并非唐镜，而是明镜。唐镜钮多圆钮，棋子形钮从目前的发现看始见于明代，所谓棋子形钮即圆柱形钮，钮顶平，往往钮上铸有商铺名。大同市博物馆藏有一面弦纹素镜可兹比较。该镜直径131毫米。圆柱形大钮，钮顶平，镜背饰三周凸弦纹，宽平素镜缘[①]。

---

① 大同市博物馆：《镜月澄华：大同市博物馆藏铜镜》，科学出版社，2019年，第206页。

132 唐小素鏡

徑一寸四分[①]，重四兩四銖[②]。邊二分，有紐。形體雖小薄而全背作質古色，其滑亮可鑑物。面更瑩然光灼，撮人影於方寸中而竟體如鳥爪印泥，非後來鑄工畧作凹形便收攝者可同年語矣。

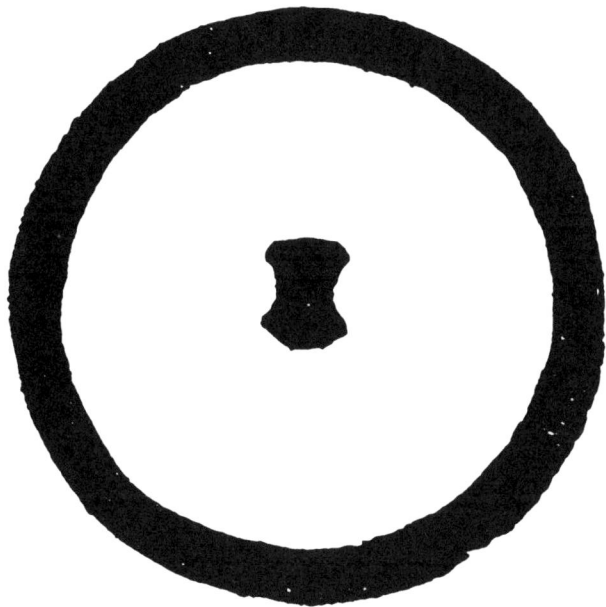

梁氏所录 "唐小素镜"

- 图 考 -

根据梁氏著录及附图，此镜或为唐镜，或为明镜，难以确证。

---

① 该镜直径约合45毫米。

② 该镜重约153克。

藤花亭鏡譜

卷八

133 宋小十二屬鏡

　　徑一寸五分[①]，重六銖強[②]。沿邊一圍，中八小圍，分鑄十二地支，生人所肖如子鼠、丑牛之類，自子至未。內四小圍，又自申至亥，蓋地促不敷擠寫，緣是不得不分而兩之，無他意也。紐難小而兩孔上下直對，與漢鏡之正指四面古矩相同。若今鑄，則參差無定處，一貫繩索，文字立見橫斜，是殆極間極細之所在，而所關繫者已如斯。後漢昭烈有言"勿以善小而不為，勿以惡小而為之"。天下事忽於小而累於大，皆此類矣。夫謹小慎微之學，惟聖者能之，非可責諸人人，況工藝之輩乎哉。

梁氏所录"宋小十二屬鏡"

---

① 该镜直径约合48毫米。

② 该镜重约10克。

－图 考－

明—清十二生肖八卦镜

　　根据梁氏著录及附图，此镜并非宋镜，应是明清时期镜。笔者曾见一面明清时期十二生肖小镜可兹比较。该镜直径51毫米。钮极小，无钮座，镜背以弦纹分隔为三区，内区为一周八卦纹，中区为"子"至"丑"十二地支铭文，外区为十二生肖纹[①]。此类铜镜广泛流行于明清时期，应为带有辟邪作用的随身镜，铸造非常粗糙，不具备实际照容的功能。

---

　　① 孙立谋：《铜镜珍藏》，辽宁画报出版社，2002年，第100页。

134　宋五嶽真形鏡

　　徑二寸五分①，重四兩九銖②。邊圍可分許，凹下一分，邊地並素。中作東西南北四嶽形，而以中嶽一形為紐。就其紐之上下孔所指處按之，則四嶽各位於四隅，而不在四方之正位。古鏡凡穿孔多向上下位，亦有以向左右兩旁者。今所向皆不然，既不能以穿之上下定形之方位，以為鑄者一時之偶失耳。然中嶽本帶方形，故《博古圖》"天象門"收入一鏡，以中嶽位於正中，此則竟以中嶽四角分指四嶽，是紐已先不能正其方向。卽欲如古鑄之因孔定方，而四角非作孔之地，是不得不因現在之孔列四嶽於四隅矣。然則孔未嘗誤以中嶽之未得其正而誤之也。按《武帝內傳》云，帝見王母巾笈中有一卷書，盛以紫錦囊。王母曰此五嶽真形圖云云。五嶽真形之說本此，又小說載

梁氏所录"宋五嶽真形鏡"

---

①　该镜直径约合80毫米。

②　该镜重约161克。

服真形為修真之秘，佩之可避諸邪百怪。故自漢以來頗信其說。考彥遠《歷代名畫記》已載此，則形繪已在唐前矣。夫五岳，視三公歷代帝王皆舉其祀，佩之以御邪異。卽魑魅魍魎民莫能逢之，義與道家荒誕不經之符籙用意頗殊。鏡又人所最便於佩帶者，今鑄以壓勝，厥事甚古。然此非漢物，則以質辨之矣。

─ 图 考 ─

明五岳真形镜

　　根据梁氏著录及附图，此镜可能并非宋镜，或为明清时期镜。太仓市博物馆藏有一面1984年江苏太仓明思宗朱由检崇祯十二年（1639）黄元会夫妇墓出土的五岳真形镜，可兹比较。该镜直径100毫米。镜圆形，无镜钮，镜缘窄凸。镜背铸五岳真形图，五岳以符号化体现，中岳嵩山居中，其余四岳分置四角[①]。

　　梁氏根据《汉武内传》考证五岳真形形象与辟邪习俗的关系，其说可从，另外，他从《历代名画记》考证五岳真形图图像自唐代已经出现，也是真知灼见。但唐代的五岳真形镜目前还未见直接使用五岳符号的体系，唐代的五岳真形图主要还是使用山岳的象形表达。至元明时期，五岳真形的符号体系广泛流行，明代铜镜中较多出现，清代依然流行。

---

　　①　呼啸：《隋至清中国纪年铜镜图典》，陕西人民教育出版社，2017年，第342页。

135 宋雙蛟鏡

　　徑三寸[①]，重五兩六銖[②]。沿邊陽陰文各二圈，凹下處入可五分強。邊原光素無文，後人增鏤葵瓣，而以最細之重圈襯於其空，計立邊厚可三分，亦週加雕刻，大率作長細花草，今以摩挲之所首及，又數經滄桑，久則立邊所鏤已日緣揩擦，漸次由浅而平，由平而滑，止存其刻紋之深不可盡滅者。蓋鑄後復加磋琢為唐以前所未有。惟宋人士夫講求古器，病三代彝鼎入土堆綠，盡掩其雷、回、饕餮，乃用精工磨刌而出之，使

梁氏所录"宋雙蛟鏡"

---

① 该镜直径约合96毫米。

② 该镜重约193.2克。

復還舊觀。於是往往有原鑄畧缺反能就所附麗後起之綠質一依其文鏤爲之補而完之，渾然復見全璧，觀者遂訝爲無縫天衣。以是推之，則鑿素爲文非宋人不能有此巧技，亦非宋人不肯費此心力。蓋磨瓏之工有逾於當時冶鑄，而補苴之巧難倍於全器鑪錘也。第五圍內雙蛟凸起，其原鑄之工細恰與後來劕刻者相角立。卽蛟旁空地亦踵加刻劃，爲見者之所不能遽辨。又其銅質自然純黃，與他器異，卽此知鑄刻相去之時代匪遠，不得因有宋磨一事遽位置於五季前也。紐八角亦少見。

－图考－

清"大顺三年"铭双龙镜

根据梁氏著录及附图，此镜并非宋镜，或为明末清初镜。笔者曾见一面类似铜镜，可兹比较。该镜直径123毫米，重380克。圆柱形钮，钮顶铸铭文"大顺三年孟夏月造"。大顺是李自成建立的政权，大顺三年即清顺治三年，公元1646年。镜背以一周凸弦纹分隔为内外两区，内区镜钮两侧饰双龙，一升一降，回首顾盼。外区刻两种不同的云纹[①]。此镜铸造精良，这种龙纹流行于明代晚期至清初。

① 上海博物馆：《练形神冶 莹质良工——上海博物馆藏铜镜精品》，上海书画出版社，2005年。

136　宋小四乳星月鏡

　　徑一寸九分①，重九銖②。邊圍內作半月形凡十有六，每交關處輒有一大星而中空者間之。兩星之間又各綴以小星星，數並同於月。又疊二圍，四乳夾其內，乳間各間以小浮圖形，凡十有二。再疊二圍，又有小星環綴其紐，細下界六出如花瓣。

梁氏所录"宋小四乳星月鏡"

---

① 该镜直径约合61毫米。

② 该镜重约13.8克。

┌图 考┐

明仿汉简化星云连弧纹镜

　　根据梁氏著录及附图，此镜与梁氏前录"汉小四乳梅花镜"基本一致，均是明镜。此类镜纹饰均是由仿汉镜演变而来的。笔者试举一例，以兹比较。该镜直径77毫米，重78.7克。纹饰为仿汉简化星云连弧纹，博山形钮，十六连弧镜缘，钮外似有纹饰，但模糊无法辨认，其外一周凸棱间隔，外为简化四乳星云纹，四乳等距离相间排列，其间饰星云纹，星云纹非常简化，每组三个乳钉，乳钉间以单线云纹连接，其外为一周短斜线纹[①]。

---

① 吴汝瑞：《铜都藏镜选》，远方出版社，2005年，第241页。

137　宋仙山樓閣鏡

　　徑四寸四分①，重五兩七銖②。柄長二寸八分③，中寬八分④。沿邊一圍。上一小圍，徑一寸三分，中有陰文小葵三葉三花，如今所收宋大葵花鏡而小。其下平壙，碎石盤綴根腳，松杉一行，遠峰奇峭。左復一松橫出，針葉疏密適中，極偃寒古折之致。右露樓臺一角，界畫井然。最右則絕壁箝空，輪廓鉤抹，儼然如見。院中劉李舊矩，壁外獨鶴飄翩而下。左空彌以細竹，餘地並隱隱作密點，以太細故轉不能若他器之顯現。

梁氏所录 "宋仙山樓閣鏡"

---

　　①　该镜直径约合141毫米。

　　②　该镜重约195克。

　　③　该镜柄长约合90毫米。

　　④　该镜柄宽约合25.6毫米。

近左邊一行，則似點非點似字非字，絕粗凸不類他處，且細審其地，正當題識處，意本有字跡特模範偶失僅存形影耳。顧其為畫則工巧可觀，豈字模過淺，未能如畫景之深凹，鑄時因遂不復加之意耶？三代彝器最尚欵識文字，後世工技者流，佀能留意文鏤而已，安知此事之有關考證哉。

图考

日本江户时代富士山景带柄镜

  根据梁氏著录及附图，此镜并非宋镜，而是日本江户时代的和镜，梁氏"上一小围，径一寸三分，中有阴文小葵三叶三花"的描述，正是和镜特有的桐纹家族徽章。笔者未见与梁氏描述纹饰完全一致之镜，今有西安市新美域和镜博物馆藏一面富士山景带柄镜，纹饰元素较为类似。该镜通长375毫米，镜面直径270毫米，柄长105毫米，柄宽48毫米，重1611.5克。镜背上方绘富士山，雄壮奇伟高出云端，下方一道江流将镜背纹饰分隔在左右两岸，右边沙岸平缓，树木葱郁。左侧江岸山势陡峭，山崖上飞阁雄起。最右侧铸铭文"天下一滕山藤原正岁作"[1]。整个画面构图精致，意境高远。

---

[1] 《和秉汉源——新美域和镜博物馆藏和镜精选》（内部资料）。

138　宋英雄對立鏡

　　徑三寸[①]，重三兩五銖[②]。沿邊一圍，凹下可三分弱。又一圍，兩人左右拱立。左為武裝，劍橫腰間，一童持仗立其後。右者飄巾氅服，整冠束帶，插劍於肩背間，後一童，頂雙丫角裝束，飄曳中作垂珠交結。最上一鶴飛翔，左一圓日，右一蛾眉纖月，並以雲託之。紐類銀錠，其下一瓶插花，其中兩旁雜出八寶、瑞朵之屬。此必有故實，不知所本。古者士皆劍佩。去予家二里，荔子村有何穆，明嘉靖中為司禮監者，世宗賜以古絹本宣尼像，與四科諧賢皆有劍可証。今此鏡衣冠不類知章縫，姑以英雄命之。然香花供奉雲鶴追陪，或以為仙庶乎近之，豈劍客之流歟。

梁氏所录"宋英雄對立鏡"

---

　　①　该镜直径约合96毫米。

　　②　该镜重约118克。

-图 考-

明人物多宝纹镜

　　根据梁氏著录及附图，此镜当非宋镜，而是明代铜镜。此类铜镜中的人物多为八仙、寿星、刀马旦戏曲人物等。人物周边则以仙鹤、楼阁、日月、杂宝、花瓶等填充。笔者未见与梁氏所著纹饰完全一致的，但构图与类型相似的不少，试举一例。该镜直径110毫米，重215克。镜圆形，银锭形钮，镜钮左右两侧各两个人物，左侧前为一主要女性右行，后一侍女捧物跟随。右侧前为一男子袒露胸腹，手持花枝，后一侍女持巾捧物跟随。镜钮上方中部一座楼阁，左右各一鹤相向飞翔。镜钮下方一供桌，上设香炉，左右各一瓶花，其余空处以方胜、连钱等杂宝填充[①]。

---

　　① 深圳市文物管理办公室、深圳市博物馆、深圳市文物考古鉴定所：《镜涵春秋：青峰泉、三镜堂藏中国古代铜镜》，文物出版社，2012年，第359、360页。

139　宋羣仙獻壽鏡

　　徑三寸四分[①]，重五兩六銖[②]。沿邊一圍，凹下可二分強。頂心圓日當空，固取至明之象，又《叅同契》所謂"金入於猛火，色不奪精光"，金本從日生朔，且日受符義并取此。左為西王母，右為張果老，所稱倒騎驢者，羣仙之長也。壽星拐杖立右側，左與呂仙相對而位置轉高。呂仙之下為曹國舅，所稱蒼顏道，扮象簡朝紳者。其下為何仙姑，肩荷飯笊。何之上為韓湘，世傳文公猶子幻"雲橫秦嶺，雪擁藍關"句以悟其

梁氏所录 "宋羣仙獻壽鏡"

---

　　①　该镜直径约合109毫米。

　　②　该镜重约193克。

叔者（《仙傳拾遺》以爲文公外甥，太平廣記引之），手捧蟠桃作上獻狀。何之前爲藍
采和，雙髻赤脚。其上爲李孔目，夾杖於腿，世號鐵拐者。其下爲鍾離權，手持巨扇[①]
（按衣裙似何仙，則荷篆者誰耶？），空處[②]別以龜鶴、彩雲填其空。八仙始稱於漢，盛
於唐。元明後則目覩靈異者少矣。據王圻《三才圖會》，八仙中以采和居首而果老居
末。湯顯祖撰《邯鄲記》，院本仙圓折則謂果老尊於群仙，而以鍾離權列湘子采和之
上。明初萬巒谷作《羣仙派譚》，次第又止呂、韓、鍾三人，韓復在三人之末。今此鏡
以果老與王母並，當時必有所聞存之，亦考證方外之一端。紐作一鼠，則不知其意云
何。想羌無故實矣。

　　按野人閒話八仙者，李巳、容成、董仲舒、張道陵、嚴君平、李八百、長壽、葛
永璸，蓋卽《太平廣記》所載，西蜀道士張素卿畫八仙真形八幅，有收得以獻孟昶者。
與世俗所稱之八仙不同，然此鏡所鑄者唐宋已有之矣。

－图 考－

明群仙祝寿杂宝纹镜

---

① 此处徐乃昌、徐行可版无“手持巨扇”四字，今据《续修四库全书》版补入。
② 此处徐乃昌、徐行可版无“空处”二字，今据《续修四库全书》版补入。

根据梁氏著录，此镜并非宋镜，而是明代铜镜。1965年，于河北保定征集一面类似铜镜，可兹比较。该镜直径180毫米，重815克。镜圆形，圆钮，钮上一排共有七人，中间一位为寿星，另外六位则是八仙中的六人，七个人物上方，中间为一楼阁，左右各饰仙鹤与飞天。镜钮下方为供案，上置薰炉，左右各一瓶花，瓶花外侧，左右各两个人物，前两个人物袒露胸腹，手托盘，盘中置物，似乎是胡人献宝，后两个人作舞蹈状，似是乐舞杂耍。其下则填充以方胜、连钱、珊瑚等杂宝①。此镜与梁氏所著之镜相比尺寸更大，但八仙人物不完整。另外，梁氏所著之西王母不知是何形象，同类镜中未见，也可能是梁氏将别的人物误认为西王母。

---

① 河北省文物研究所：《历代铜镜纹饰》，河北美术出版社，1996年，编号第411。

140　宋駕鶴飛仙鏡

　　徑二寸三分①，重二兩②。邊圍一線，卽凹下可二分強。一圍中有雙鶴，雙翼翩躚盤
旋高處，祥雲兩朵繚繞其下。雖中為紐間，然已處處有雲意矣。上下雜珮、雜寶八具
錯陳。左右二瓶各插吉祥瑞卉，高整幾與人齊。二童捧丹詰、鶯書候立兩旁。揆其指
事所由，遍考當可得諸傳記，今試為之鑿空懸擬。似是全真練士九轉成候法，當白日
衝霄，於時召自上真，迎以仙使，界之百寶，鶴馭先驅，雙瓶則供奉陳設之所有事也。
果爾，是宜有仙人冠帔伏謝，無奈位置殊難，且鏡之為地無幾，故隱之不出，而但示
人以意。俾卽目前所見，便可意為會通。嘗見元明人院本，每至颺言對命，必扮一黃

梁氏所錄"宋駕鶴飛仙鏡"

---

①　該鏡直徑約合74毫米。

②　該鏡重約74克。

門出入傳宣，而不敢以前代帝王上場搬演，所以重天顏而示敬謹者，其用意與此可相為發明。又明道士萬崙谷自謂，張三丰召登仙闕時，彼曾執事其間，圖寫諸仙捧誥下召，跨鶴上升一段情事，卷題曰"方壺勝會而仙佛奇蹤"，所載修煉諸蹟，其末飛升一圖亦雲端控鶴謝別世人，玉女金童持書擁後，大段與是相似。雖方外道其所道，但既為塵世所豔美，轉相傳述，固非盡出無根。唐宋人最喜談仙，而此則質製迥非唐鑄。遞位諸元以後，色地又不類，且其款式與今所收之"宋輦仙獻壽鏡"同，可決其同出一時矣。

－图 考－

明人物多宝镜

根据梁氏著录，此镜并非宋镜，而是明代铜镜。笔者曾见一面类似铜镜，可兹比较。该镜直径72毫米，重82.7克。镜圆形，小圆钮，无钮座，镜钮左右各一瓶花，瓶花外侧各一童子，童子手持卷轴。镜钮上方饰仙鹤、犀角、书卷，镜钮下方饰银锭、犀角[1]。此类铜镜长期称为人物多宝镜，但具体人物及场景所蕴含的意思并不清楚。梁氏根据文献提出可能与全真教修仙之法或张三丰跨鹤飞升之传说有关，这对于理解此类铜镜的文化背景有重要意义。

---

[1] 吴汝瑞：《铜都藏镜选》，远方出版社，2005年，第228页。

141 宋雜珮贈嫁鏡

　　徑二寸五分[①]，重二兩五銖[②]。沿邊一圍，卽四下可二分強。一圍中雜珮、八寶之屬滿佈，四周以四錢分置一隅，二花八瓣似取合歡連理之義，雖花不知名不必鑿指，然其義則已昭然若揭矣。左右二人並女裝，左者持鏡而下垂其巾袂，右者古髻高盤，亦腋挾包裹，意皆女伴婢妾之輩，遣嫁之所必有也。紐如銀錠。兩旁纍疊圓物如品字，其名其用均未可強為臆度。或者卽惟金三品，故與銀錢同一陳設。其於柏盧家訓之所謂勿計厚奩者得毋尚昧斯旨歟。此為贈嫁奩中之物，庶乎近之。與今所收宋鑄之駕鶴飛仙羣仙獻壽款度質製一一從同。

梁氏所録"宋雜珮贈嫁鏡"

----

① 　該镜直径约合80毫米。

② 　該镜重约81克。

-图考-

明人物多宝镜

　　根据梁氏著录，此镜并非宋镜，而是明镜。陕西历史博物馆藏有一面铜镜纹饰近似，可兹比较，该镜直径120厘米，重213克。镜圆形，圆钮，无钮座，镜钮上方中间饰楼阁，左右饰云纹。镜钮左右各饰一杂宝与一仕女，左侧仕女双手捧物，右侧仕女一手夹物一手持巾。镜钮下方饰供案香炉，左右饰瓶花。纹饰区外以一周弦纹与镜缘分隔①。

---

　　① 陕西历史博物馆：《千秋金鉴：陕西历史博物馆历代铜镜集成》，三秦出版社，2012年，第540页。

142 宋菱花小鏡

　　徑一寸一分①，重六銖②。沿邊陰陽二圍，又凹下一圍，週界斜畫凸平，後又凹作菱花六瓣，半各三畫，半一畫，皆陽文指內圍。紐薦復平凸，故陰陽瞭然，鏤文細如毫髮。以視所收之小素鏡，徑圍僅狹三分，然素鏡雖小，而質厚權重此則平不及分，而凹下殆逾紙薄，因而輕重懸殊。古鑄中最纖巧者。

梁氏所錄 "宋菱花小鏡"

-图 考-

　　此镜极为小巧，但从梁氏著录及所附之图看，似为汉镜。

————————

① 该镜直径约合35毫米。

② 该镜重约9克。

143　明梅竹鏡

径一寸八分①，重二兩②。通體止沿邊一圍凹下。文畫皆陽文，梅幹自中起，即借爲紐。竹夾其中，梅六竹四。鑄者亦知竹外枝斜之意矣。

梁氏所录"明梅竹鏡"

---

①　该镜直径约合57.6毫米。

②　该镜重约74克。

–图 考–

明—清松竹梅纹和镜

　　梁氏定此镜为明代，较为中肯。但此类铜镜纹饰实际上来源于日本的和镜，并非本土所固有。陕西历史博物馆藏有一面类似铜镜，可兹比较。该镜通长216毫米，重351克。镜背下部绘一山坡，山坡上长有松、竹、梅，松竹挺拔，梅花枝条旁逸斜出。梅花上飞来一只禽鸟[①]。

---

　　① 陕西历史博物馆：《千秋金鉴：陕西历史博物馆历代铜镜集成》，三秦出版社，2012年，第581页。

144　昭武鏡

　　径寸有四分①，重一两二銖②。邊圍凹下，夾圍斜畫。四隸曰"昭武通寶"，"昭"上"武"下"通"右"寶"左。廻文，顛倒讀之，凡得四言，二十有四。漢鏡取吉祥四字者，往往可循環讀。此四字旋轉讀未免稍強。所謂"昭武"者，不知是官是字也？

梁氏所录"昭武鏡"

---

①　该镜直径约合45毫米。
②　该镜重约40克。

- 图 考 -

清"昭武通宝"镜

　　梁氏认为昭武通宝镜为明镜，这一观点或值得再商榷。清康熙十七年（1678）三月，吴三桂在湖南衡阳称帝，国号大周，改元昭武，并铸"昭武通宝"钱，该钱有小平和折十两种类型，折十大钱钱文即为篆书，与此镜文颇为一致。以此观之，则此镜极可能是清代铸镜。吴三桂的大周政权存在仅仅数月，因此"昭武通宝"钱铸行极少。大约是物以稀为贵，故有将钱文铸于镜上的情况。笔者曾见一面类似铜镜，可兹比较。该镜直径50.7毫米，重25克。小圆钮，方钮座，钮座外上下左右各书一字，合为"昭武通宝"，其外饰一周短直线纹 ①。

　　① 深圳市文物管理办公室、深圳市博物馆、深圳市文物考古鉴定所：《镜涵春秋：青峰泉、三镜堂藏中国古代铜镜》，文物出版社，2012年，第370页。

后　记

2017年，我出版了《隋至清中国纪年铜镜图典》，意外得到了许多学界前辈的关注与肯定，特别是孔祥星老师，亲自打电话就书中的特点与不足谈了他的看法。这种关心与肯定令我很受鼓舞，也让我更加坚定地继续在铜镜研究的道路上缓慢地攀登。那时，我的脑海中有一个模糊的认识，便是中国的铜镜研究在近些年呈现出了波浪般的态势，一方面是在资料刊布方面，大量的考古发现相继公布，一批博物馆也纷纷出版了铜镜方面的专门图录；但是另一方面，铜镜研究的相关文章并没有明显增加，特别是具有开创性的成果比较罕见。我想，自己虽然学识浅薄，但也应当作一些对学科建设与学术发展有益的基础性工作。就在这时，受鹏宇先生《宋代文献所见汉镜题铭辑校》一书的启发，我决定将自己的视野投向古籍文献领域。

就这样，我从头开始，学习查找金石学中铜镜研究的相关著作，其间走了不少弯路，直到遇到了《藤花亭镜谱》这本书，初读时只有《续四库全书》版，没有附图，内容也不全，只好硬着头皮从句读的工作做起，然后按照梁廷枏的文字描述搜检群书，为它寻找配图，就这样当起了学术"愚公"。后来才发现，国家图书馆有徐乃昌、徐行可所藏的《藤花亭镜谱》善本，附图完备，内容也更完整，那一刻真是为自己走的大大弯路仰天长叹。不过，平复心情之后两相校对，发现自己仅凭文字为每面铜镜所配的图竟与梁氏所藏铜镜八九不离十，又觉得自己虽愚笨，但终究苦功没有白费。要请读者见谅的是，由于本人并没有经过文献学与校勘学的专业训练，虽已尽力学习，但内中错漏恐难避免，笔者恳请方家及读者不吝指出，以便今后修改。

最后，我想说的是，梁廷枏不是一个普通的文人，作为中国近代最早开眼看世界的学人，他曾积极参与鸦片战争中的抗英斗争，也是最早一批向国人介绍西方文明的贤达，他一生的许多研究都以经世致用与爱国保民为目的，这恰是中国知识分子代代相传的精神图腾。笔者读他的书，时常受其人格魅力感召，也希望此书能为大家了解梁廷枏其人，了解其铜镜研究成就，并进而为中国铜镜研究学术史的构建贡献一份力量。

本书在搜集资料及撰写过程中，得到李丹妮、姚蓓蕾、苗轶飞、唐博豪、黎杏芬等朋友的帮助，崔庚浩先生提供了部分图片资料，佛山市顺德区博物馆慷慨提供了馆藏的梁廷枏先生《松竹石图》照片，我的同学方丹重绘了原书中的大量附图，我工作的陕西历史博物馆及科学出版社为本书的出版提供了重要支持，在此一并致以诚挚的感谢。此外，还要特别感谢孔祥星先生。孔老师在我国铜镜研究界地位尊崇，多年来一直为推进铜镜研究积极奔走、关心后学。先生对学术孜孜不倦的追求令人钦佩，特别是其宽广的胸怀和非凡的人格魅力更令人心折。本书初成之时，笔者心怀惴惴，冒昧请孔老师指正并赐序，其时各地疫情汹汹，孔老师生活中亦多有不便，然而仍慨然应允指点，每思及此，不能不常怀感恩并惕励自省。

是为记。

呼　啸
2022年8月于西安